U0686762

任继愈论古籍整理

任继愈 著

国家图书馆出版社

图书在版编目(CIP)数据

任继愈论古籍整理/任继愈著. --北京:国家图书馆出版社,2016.12
ISBN 978 -7 -5013 -6006 -2

Ⅰ.①任… Ⅱ.①任… Ⅲ.①古籍整理—研究—中国
Ⅳ.①G256.1

中国版本图书馆 CIP 数据核字(2016)第 307333 号

责任编辑:王　雷　耿素丽

书名　任继愈论古籍整理
著者　任继愈　著

出版　国家图书馆出版社(100034　北京市西城区文津街7号)
(原书目文献出版社　北京图书馆出版社)
发行　010 -66114536　66126153　66151313　66175620
66121706(传真)　66126156(门市部)
E-mail　nlcpress@ nlc. cn(邮购)
Website　www. nlcpress. com → 投稿中心
经销　新华书店
印装　河北三河弘翰印务有限公司
版次　2016 年 12 月第 1 版　2016 年 12 月第 1 次印刷

开本　880 ×1230(毫米)　1/32
印张　6. 75
字数　150 千字

书号　ISBN 978 -7 -5013 -6006 -2
定价　24. 00 元

出版说明

任继愈先生是我国20世纪著名的哲学家、宗教学家和历史学家，是我国坚持运用马克思主义原理进行学术研究的优秀代表，中国马克思主义宗教学的开创者和奠基人，中国哲学、宗教学领域高瞻远瞩的学术研究领导者和优秀的学术活动组织者。任先生毕生致力于中华优秀文化的整理、研究、传播、发展，并以勤奋不懈的思考和身体力行的实践，为我们留下了丰赡的文化遗产。因此，梳理、总结任先生的理论与实践，不仅具有十分重要的学术价值，也具有十分重要的学术导向作用。

国家图书馆是任先生生前长期工作的地方。国家图书馆出版社作为国家图书馆下属的出版机构，编辑出版任先生的学术论著，使之嘉惠学林、泽被后世，既是一种使命，也是一种荣誉，更是全社员工的共同心愿。因此，我社于2013年相继推出两大系列——“任继愈著作系列”“任继愈研究会丛书系列”。其中，“任继愈著作系列”出版了《魏晋南北朝佛教经学》《宗教学讲义》；“任继愈研究会丛书系列”出版了《任继愈的为人与为学》。

为将任先生一生的学术思想和研究成果进行系统整理和总结，为后人学习与研究任先生的思想提供系统性的学习参考资料，2014年我社出版了国家出版基金项目《任继愈文集》。《文集》收入任先生自20世纪40年代开始在各种期刊、报纸及内部刊物上发表的文章六百余篇,约四百万字,多为未刊稿,分为十册,涉及宗教、哲学、史学等领域。共分八编:第一编宗教学与科学无神论研究;第二编中国哲学史研究;第三编佛教研究;第四编儒教研究;第五编道教研究;第六编论古籍整理;第七编史学研究;第八编杂著。它是目前收录最全、文字最为可靠的任继愈先生的文集。它体大思精,充分体现了任继愈先生博大的思想和治学理念。

《任继愈文集》中收入的是任先生六十余载学术生涯的研究成果,是一部集大成之作。为方便使用、便于普及,我们从中按专题辑出四种:《任继愈论历史人物》《任继愈论儒佛道》《任继愈论文化与教育》《任继愈论古籍整理》,纳入"任继愈著作系列"。其中,《任继愈论历史人物》按历史人物生活的时代分为古代、近现代两部分,收入文章四十八篇,另有相关文章三篇作为附录收入其中;《任继愈论儒佛道》按内容划分为儒教、佛教、道教三部分,收入文章二十八篇;《任继愈论文化与教育》按内容划分为人文精神与道德建设、人才培养、传统文化与经典教育、北大与西南联大、文化交流、杂记六部分,收入文章四十六篇;《任继愈论古籍整理》按内容划分为古籍整理与保护、《中华大典》、《中华大藏经》、儒释道经典整理、其他古籍整理五部分,收入文章四十一篇。这四个专题从四个侧面展示了任先生对中华民族历史文化的深厚情怀与深刻反思的高度统一,高屋建瓴,便于读者阅读理解。

一代学术宗师任继愈先生留给后人的是一笔无比丰厚的精神财富和学术遗产,值得我们去慢慢回味、研究、发扬光大。它们不仅能够使当代人得到教诲和启迪,而且应该传扬于子孙后代。

国家图书馆出版社

2016 年 11 月

目录

CONTENTS

·《中华大藏经》·

· 儒释道经典整理 ·

· 其他古籍整理 ·

整理古籍也要走现代化的道路

整理古籍,我国自乾嘉以来就有优良传统,当时大量有关古籍整理的成果,有的已被国内外学者所公认,有些结论已可视为定论。

乾嘉学者,处在封建专制主义占绝对统治的时期,客观上不允许他们有对君父不敬的言行,著作中当然要有所顾忌。当时学者们主观上也不能不带有几千年长期封建传统教育的烙印,思想还不解放。从整理经史子集的成绩来看,关于史、子、集方面的成绩较多,而对"经"的整理成绩,相对来说少些。其中原因之一,就是对圣贤经传不敢怀疑,从思想上就不敢放言高论。

就取材印证方面说,古人的眼界也还不够开阔,眼光多盯着古代典籍。典籍以外,如地下考古实物,如民间社会习惯,中原地区以外的兄弟民族文化(包括民族学、原始宗教、民族语言学、人类学、社会学等)没有涉及。当时的学者精通本国语文,而不通晓外国语文,或精通汉语,而不通晓其他兄弟民族语言。这也给他们的成就带来了局限。近代西方汉学者如高本汉、伯希和等人,整理中国古籍有所创获,不是他们读古书比乾嘉学者多,而在于他们有比乾嘉学者多一些的工具。当然,他们也只是在某一方面有所前进。

语言工具只是工具的一种。此外,还有整理古籍的现代工具,像近十几年被普遍重视的计算机，西方已经用到古籍整理方面，编制索引分类，已取得可观的成效。

此外，乾嘉学者以及西方资产阶级学者所不具备的，那就是历史唯物主义。有了历史唯物主义，才能使人们心开目明，取得高屋建瓴之势，进退自如。这一方面，理论界、史学界早已注意，在整理古籍方面似应当更多地引起重视。历史唯物主义的原理不难懂，难的是把它运用到古籍整理的具体工作中去，而不是生搬硬套。不以历史唯物主义作为指导，就谈不到现代化。这要靠大家共同努力才行。

学问的发展趋势，今天大家看到的，有两个方向，一是向深度发展，一个部门学科的一个分支的一个局部的专题，在很狭窄的范围内越挖越深；二是学科之间要求开展横向的联系，一门学科解决不了，要众多学科的配合。比如整理古籍中的天文志、地理志，光靠古人的研究成果已不够，还要结合现代天文学的推算，来加以验证；讲古代的地理、四夷的交往，要结合现代的地理研究成果，结合世界史，就更能说明问题。利用地下发掘的古文物可以充实古籍中记载的不足。如秦始皇陵的车马坑的实物，可以明确无误地说明古书上的车制。参考我国少数民族流行的对歌及春游习俗，有助于对《诗经·国风》的理解，等等。

再如整理古籍，古人受正统儒教的影响，对经史子集以外的佛、道两教，没有给予应有的重视。佛、道两教遗留下来的古籍很多，却没有人对此很好地整理，更说不上很好地利用其中的有用资料了。其实，佛教及道教典籍今天已不能用过去的旧眼光对待，把它们排斥在中华民族正统文化之外，它们也是中国传统文化的一部分，而且是重要的一个部门。搞不清楚佛、道两教的文化，也就无法全面认识中国的传统文化。随着《中华大藏经》（汉文部分）的整理出版，我们将逐步建立起"佛典文献学",这将成为一个新的分支学科。世界宗教研究所今年将在这一方面招收硕士研究生和博士研究生。这也是古籍整理工作中待开辟的一块生荒地。道教古籍的研究也刚开始,因为道教内容比佛教更芜杂,有了文、史、哲的知识还不够,还得运用化学、生物、医学等现代自然科学的知识和测试手段。这方面的工作,我们也开始注意,并已起步。

总之,整理古籍,也要开创社会主义建设的新局面。乾嘉学者的好传统,我们要继承;同时要提高、前进,超过他们。既然要现代化,整理古籍除了文、史、哲等传统文化知识外,还要吸收其他学科的知识,如上述的考古学、人类学、地理学、自然科学,等等。表达方式也要相应地做些改变。乾嘉以来相延已久的整理古籍的术语已感不够,需要增加新的术语和表达方法。有时要有百分比符号(%)、现代数学公式、化学方程式,有的需要用图表、图片或绘图来表示。光靠语言文字,已不能满足需要。这是后话,暂时可以不讲。

变废为宝①

中华民族文化源远流长，拥有丰富的文物、典籍。有些文物、典籍的内容、作者与产生的时代不符，称为赝品。典籍中的赝品，学术界称为“伪书”。

伪书的出现，可以有多种情况：有伪造假古董以牟利的（据沈兼士先生讲，甲骨拓片刚发现时，收藏家潘祖荫喜收集甲骨拓片，琉璃厂书商竟在烤制烧饼的背面拓出纹理冒充甲骨拓片。这是我当年在沈先生文字学课堂亲耳听到的掌故）；有为了传播某种观点，挟古人以自重的（如汉初以黄帝命名的《黄帝内经》《神农本草》等）；宗教经典多假托得自龙宫、仙山洞府以骗取信徒的信任（如大乘空宗典籍、道教典籍）。如果揭示出伪书出现的时代，伪书即成为可信的材料。《列子》一书托名列御寇作，经过研究，此书非列御寇作，它出于魏晋时期，反映了魏晋时期的一种流派的思想。从这个意义上说，《列子》一书用作研究魏晋时代思潮，有它不可取代的价值。放在先秦是伪书，放在魏晋就不伪。

与世俗典籍并行的佛教、道教典籍中也有不少“伪经”。持正统观点的信仰者，为了保持宗教的纯洁性，不能容忍“泾渭杂流，龙蛇并进”（晋代名僧道安语）的现象存在。如果抛开正统观点，从客观研

---

① 据《竹影集》，新世界出版社，2002 年版。原载《群言》1991 年第 6 期，名《“伪书”并不全伪》。曾收入《任继愈学术文化随笔》，中国青年出版社，1996 年版。收入《天人之际——任继愈学术思想精粹》（人民日报出版社，2010 年版）时名为《充实的伪书与空洞的真品》。

究的立场着眼，查明伪经出现的时代、作者（作者可能是某一人或某一流派），用它来说明作伪的时代以论证某时代思潮，找出它流行的地区以了解其传播的范围，其史料价值比号称“真经”的还矜贵。

有幸生为近代人，可以不受古人旧传统的局限，有可能从文化整体的高度来看待一切“伪书”“伪文献”，从而剖析它、驾驭它，使它为我所用。俘虏兵用好了，和正规军同样发挥战斗作用。好像对待污染环境的废气、废液、废渣三废一样，经过综合治理，收回利用，即可变废为宝。一切物质都在元素周期表中占有自己的位置。谁要说某种元素是有害元素、无用元素，那是无知。

人们习惯所指的伪书、伪经，无非是说它不是所标榜的那种作品。如确凿地指出它的来历，摆在应当安放的位置上，它就是“真书”“真经”，一点也不伪。《老子》说过：“圣人常善救人，故无弃人；常善救物，故无弃物。”（《老子》二十七章）这是说，只要善于用人，根本没有无用的人（弃人）；只要善于用物，根本没有无用的物（弃物）。弃人和弃物，不过是那些未被认识、未被发现、没有派上用场的人和物罢了。这一层道理，一经说破，不难理解。

伪书之所以引起人们的关注，不在于它的伪，而在于它有充实的内容，这些内容是不可代替的。经历了历史的考验，最后找到归宿，在历史文献中占有一席之地，并从此摘去了伪书的帽子。

历史上有更多的不伪的书，号称学术著作，却没有学术性；号称科学著作，却缺乏科学性。因缘时会，也曾行时过一阵子。时过境迁，便被人遗忘得干干净净，因为这类“真作品”内容空洞，价值不高，不具备充当“伪书”的资格，日后自然无人提起。这种自生自灭的不伪的作品是大量的，它曾大量产生，大批消逝。主持这个淘汰选择的就是广大读者。靠了这个权威最大的裁判者，才使得伪书得以正位，劣而真的作品得以自然消亡。天地间之大公无过于是者。

第三次全国古籍整理出版规划会议发言摘要[①]

古籍整理的质量差,主要是由三个因素造成的:一是整理者不具备古籍整理的能力;二是整理者责任心不强,对自己的产品要求不高;三是编辑人员的水平不高。再深一层的原因就是古籍整理牵涉到的知识面特别广,比如这次《规划》列入的就有科学、医学、军事等方面。所以整理古籍要提高专业人员的水平。看来要整理好古籍先搞好今译是一条必由之路,不一定要许多人去从事这一工作,但整理者要具有今译的能力。传递文化的载体文字是不断地发展变化的,仅依靠文字训诂、考据是不能解决问题的。比如我国佛教史上著名的佛学翻译家鸠摩罗什和玄奘,他们的长处不仅是精通当时的外文,主要是精通佛理,所以翻译出来的佛经就可信贴切,产生了巨大的影响。我们现在整理古籍同样存在这样的问题。

关于古籍整理人才缺乏的问题,有人提出文献专业招生不够,培养的学生太少。即使满足招生,也难以适应我们今天的需要和要求。因为古典文献专业培养的人才知识基本上属于中文系的体系结构,他们学过文字、音韵、训诂、目录、版本,这当然是必需的知识;但整理一本书,一定要有关于这本书的专门知识,文献专业的学生就难以胜任。比如研究比较语言,就要精通外文,这比段玉裁、王念孙他们那

---

① 原载《中国典籍与文化》1992 年第 2 期。

一代人的要求就更高了。如研究边疆史、蒙古史，除了懂蒙文外，还要懂其他国家的文字，因为日本人、德国人也从事这方面的研究。古籍整理要达到较高的水平，需要的条件很多。因此我想不妨从大学中挑选一批各种专业的毕业生，给他们补充有关古籍整理的知识如版本、目录、音韵、训诂等，这样将更会有效，也不需要三五年那样长的时间，半年一年就可以了，比文献专业的培养更能满足古籍整理的要求。比如整理《抱朴子》内篇，关于炼丹的部分就要用现代的化学方程式来表达当时的炼丹过程，才能表达得清楚，如果让学化学的人员从事这一工作，再对他们加以古籍整理知识的培训，整理的水平会更能保证质量。

拥有与利用[①]

综合国力，标志国家强弱；典籍图书，反映国家文明。中华典籍，贯通古今。易象肇始于书契之先，卜辞踵武于虞夏之后。商周有占卜守藏之史，两汉置典籍勘校之府。周诰殷盘，典籍灿然。自上古以迄近代，宫廷藏书形成定制。据《史记》载“老子为周守藏史”，老子盖为二千五百年前有姓可考之图书馆馆长。

承担现代社会职能之中国国家图书馆，九十年前创建于清末，初称京师图书馆，政府指令江南各省呈送图书以实馆藏。后又接受承德避暑山庄文津阁《四库全书》。本馆以皇家藏书为基础，先后接纳海内专家及江南诸大藏书世家捐赠，汇众流已成书海。甲骨原件、敦煌文书，馆藏居世界前列。宋刊元椠，明清精品，历代舆图、金石拓片，善本、古本、孤本、抄本、名家手稿，亦为海内外学者所关注。汉文典籍外，稀世珍品中尚有蒙、藏、回、满、彝、纳西等兄弟民族图籍多种。是以万里访书者，相望于道。

文化成果虽创自中华民族，而文化资源则愿与世界共享。为促进人类文明，提高国民素质，愿尽绵薄，襄此盛世。

---

① 据《竹影集》。原为《中国国家图书馆藏珍本古籍图录》（北京图书馆出版社，1999年版）弁言。

古籍流失的反思①

鸦片战争前，有时代危机感的龚自珍，关心世界大事，记载中日学者访求佚书的交往。此后，黄遵宪、杨守敬在日本访求海外汉籍，曾引起国内学者的关注。前辈学人访求海外汉籍，他们的目光着眼于“访书”，寻访中土失传而东土现存的珍本古籍，而没有从文化交流的大局做进一步系统的探讨。看到北京大学严绍璗教授的新著书稿《日藏汉籍善本书录》，心开目明，十分欣喜。

作者用力之勤，功力之深，超过前人。他历时十四年，往返中日两国二十余回，利用一切的机会，遍访日本公私藏书机构，广泛接触日方的汉学家，以他在学术上的成就，博得日本汉学家们的钦重。因而能够接触到一般读者难以接触的善本、珍本。有利的外缘再加上他为探索文化交流现象的宏愿、锲而不舍的毅力，达到了文献整理的新天地。

中国的文化继承，有述而不作、以述为作的传统。后世学者为增加当时社会发展的新内容，有时故意进行篡改，使“六经注我”。越是流行和通行的古籍，其原貌改易越多。伪经伪史也往往因此而孳生。

---

① 据《竹影集》。本文系为严绍璗教授《日藏汉籍善本书录》（中华书局，2007年版）所写的序言，曾以《心开目明览杰构——严绍璗教授〈日藏汉籍善本书录〉序》为名，发表于《中华读书报》1999年10月27日；以《〈日藏汉籍善本书录〉序》为名，发表于《书品》2006年第2期。

传入日本的古籍，得以当时传入的原貌保存下来，这对于我们中土学者校勘原著，具有重要的参考价值。同时也应看到，中土典籍历经改易，也属事出有因，其失真处有时有意为之，亦自有其时代的特色与时代的价值，不能以其有失原貌而轻视其时代的价值。

旧的文献学者，如乾嘉大师们，对古代文献的整理做过杰出的贡献。但他们毕竟是古代的学者，缺乏历史发展观，也缺乏现代科学方法的训练，其缺点是就书论书，没有站在更高的角度观察日本的汉文书籍在两国文化交流的过程中蕴藏着深层的含义。严绍璗教授编著的《日藏汉籍善本书录》体现了现代学者治学的方法，透过中日汉籍交流的现象，揭示出文化交流的脉络。读此书，不仅使人广见闻，也能助人开思路。

1982 年，国务院召开全国古籍整理出版工作规划会议，决定编辑具有中国特色的《中华大藏经》（汉文部分）。以山西赵城金藏为底本，参照另外八种版本校勘，标出各本异同。八种版本中的《资福藏》，国内已佚，是杨文会由日本购得，现藏中国国家图书馆。在历代传世的《大藏经》中，又增加一个新版本。这是中日文化交流取得良好成绩的最新见证。

中华古籍流散到海外，有的出于正常渠道的公平交换，这是值得称道的；有的并不是由正常渠道，而是由于中国藏书家的不肖子孙贪图近利而被贬抑价售出的；也有一些是被掠夺出境的。就文化遗产本身来说，一切有价值的文化成果（书籍也在内）是人类共同的精神财富，应当为人类所共享。但是，身为文化的创造者和所有者，眼望着祖先的遗产流散到天涯海外，自己检寻反倒要请求别人的允许！严绍璗教授在本书中叙述了访问日本静嘉堂藏书的心情，每个爱国知识分子都会产生同感，心情复杂而沉重。这种沉重的心情只有经历过多灾多难的20世纪的中国人，才能体会出来。纂辑于15世纪的《永乐大典》，是当时最大的一部类书，1900年八国联军占据北京时遭到毁灭性的破坏。我们光有爱中华民族的热情还不够，还要有一个足以保护祖国文化遗产的强大的国力，才能保住它。

文化交流的双方，其水平的高下关系到交流的主要流向。揆诸中外史实，总是文化水平高的一方流向文化水平相对低的一方，文化低的一方则往往成为"接受者"。本书中所记，中日文化交流以隋唐为最盛。唐代的文化水平明显地高于同时代的日本。后来历经宋、元、明、清（前期），其势头不减。主要原因是当时中国的文化典籍、典章制度、哲学思想等对日本文化有可资借鉴处。鸦片战争后，中国国势不振，文化水平特别是科学技术方面，在世界文化大国中处于落后地位。中国典籍不再呈现隋唐宋元明清（前期）滚滚东流的势头，这时的知识分子反倒赴日本寻求新知识，翻译新典籍到中国来。

国际交流，有经济的、文化的、政治的三个方面。经济效益是内在的推动力。本书中指出，日本江户时期，即我国的明末和清代的前中期，中国出版的新书，有的在两三年内便在日本流通，主要的动力是经济利益推动，书商有利可图。像《太平御览》在中国是禁止出口的，却也能成套地运到日本。当时的日本政府，曾明令禁止海外贸易，但长崎的书市并未停止。只要有利，商人会主动进行。文化交流可以增进双方的了解和友谊，文化交流做得好也能促进经济交流，而政治交流则是其他交流的保障。有时，双方都有交流的愿望和要求，但政治上出现障碍，也会妨碍经济和文化的正常交流。古代的丝绸之路，欧亚文化由这里沟通，对双方都有利。由于政治原因，战争的影响，这条路有时便不通，经济和文化的交流也无从进行。中日两国文化交流有千年以上的光辉历史，有许多引起两国人民美好回忆的故事。由于近代军国主义好战分子发动侵华战争，光辉友谊的画卷一度遭到污损。

当严绍璗教授的《日藏汉籍善本书录》出版之际，作为一个亲身经历第二次世界大战，又是从中日文化交流的曲折道路上过来的人，深知战争之可憎，和平之可贵。我祝愿中日两国人民、两国的学术界以史为鉴，把中日文化交流推向健康发展的道路，两国人民共同迎接21世纪。前事不忘，后事之师。我们中日两国的学人共同努力，造福于全人类，责无旁贷。

国强兴文化　盛世修巨典[①]

我觉得现在我们国家所处的地位和时代，需要我们把好的东西或是精华介绍出去。现在，在咱们这个世界看报纸，发现有一种压抑感，大国主义铺天盖地而来，它们的标准代替了世界的标准。我们一再提倡，要多极化、多极主义，一时得不到广泛的认同，这就需要大力弘扬我们自己，要理直气壮地宣传我们的优点，宣传我们的长处。过去，有些外国人也介绍中国，中国文艺界也有些人介绍中国的文化出去，但他们往往投外国人所好来介绍。外国人喜欢落后的、腐朽的，就迎合，虽也可以得到一些称赞，但是不符我们的真相。

我还有一个感觉，为什么今天能够出这么一套书[②]，过去不行？二十年前行不行啊？我看不够这个条件。现在我们"沾光"在哪里？我们国内经济力量上去了，经济发展了，综合国力上去了，文化也就跟着上去了。我们文化界在这方面做得很及时，很得力，也做得很合适。再晚，就耽误了；再早，也不可能。我感觉，国力的昌盛，是我们有力的支持、支柱，让我们今天能够出这么一套好书。

听到宏伟的出版计划，还在继续地不断发展，我很赞成，很希望看到它的成功。继续出的话，希望文学马上要跟上。回想起咱们接受外国的东西的时候，从"五四"以来，文学打头，先是《双城记》《黑

---

① 原载《中国出版》2000 年第 11 期。

② 指《大中华文库》。

奴》《复活》《茶花女》，慢慢才是哲学，后来才知道柏拉图、亚里士多德。现在这套书已经出了，我想以后接着文学应该跟上去，这很有好处，又便于普及，又便于提高，外国各阶层很容易接受，很容易了解。想起我们当初对外宣传的时候，也是京戏打头出路，才把局面打开。我们的文学赶快跟上去，对这个大好的局面有推动作用。这套书印刷质量还是很好的，拿得出去，够国际水平，能代表我们国家的水平，我很高兴、很自豪。

关于中文古籍的保存保护[①]

中国有五千年以上文字可考的历史，在世界上几个文明古国中（古希腊、古埃及、古印度、古巴比伦等），绵延不断，贯穿古今，又古老，又年轻，这在世界上是仅有的。中华民族生存活动的范围始终以黄河长江为中心，几千年来没有离开过这块土地。这块土地上的居民有五十六个民族，汉族人口占大多数。汉族使用的文字也最普遍。今天我们共同研讨的古籍修复保护问题主要指的是汉文古籍的修复保护。其实中国还有大量蒙文、藏文、满文、回文及其他少数民族的古文字书写的古籍。对它们的保护工作，也要适当关注。第一次研讨会讨论范围暂限于汉文古籍。

由于中国历史长久，有文字记载的历史也长久，中国古籍的历史也长久。中国发明造纸术以前，早已有了书籍。以前的书籍是写在竹简、木简上（根据书写材料的取得与用途不同而异）。贵重的材料也有些写在丝绸上的。用竹、木为载体的书籍出现以前，也有用文字记录的重大政治事件，用刀刻在甲骨上，我们称作甲骨文，也有铸在或刻在青铜器上、陶器上的。

我们这次会议所讨论的，主要是纸张发明后用来书写的书籍、手写本和印刷本。

---

① 原载《竹影集》。原为 2001 年 10 月在“中文善本古籍保存保护国际研讨会”上的发言。

世界上的事物,发生和毁灭总是相伴着存在。为了保存好,古人已有过很多经验和方法。古书不同于其他古文物,书籍是要供人们使用,不光是为了鉴赏陈列。阅读次数多了,会造成损坏。人们能做到的,只是使它自然地慢一些损坏,力求减少不必要的损伤。实际上损伤是不可避免的,有意外的水、火、虫蚀等造成的损失,也有载体的自然老化的损害,我们只能做到减少意外损伤,延长书籍存在的自然寿命。书籍修复相当于保健医生的功能。于是产生了修复技术和保护技术学。修复学在于使损坏的书籍恢复原貌,目标是使书籍"整旧如旧",保护的目标是使书籍维持正常寿命,不要夭折,终其天年。

保存古籍、整修古籍,既要有专门的学科知识,又要有熟练的操作技术。书籍修复技术是印刷术发明后与印刷共存的专门学问。

这次会议如果大家觉得开得好,对文化的发展有益,中国国家图书馆愿意牵头,联合国内外专家,定期开办"讲习班",招收国内国外的学者定期交流技术,传授经验,培养青年一代的专家。因为古籍修复整理的人才趋于老龄化,青年人才有中断的危机。修复技术讲习班重点在培养修复古籍的操作基本训练。如果认为有必要,我们还可以在讲习班的基础上举办"高级讲习班",进一步讲授有关古籍的系统知识,请海内外专家开设古籍讲座。是否可行,也请大家讨论,提出意见。国家图书馆有责任推进文化发展,开展国际文化交流。古籍整理属于国际文化交流的一个组成部分。

我们从事文化建设的每一个人都深感文化建设是一点一滴地积累起来的。文化有继承性,不是一夜之间成长壮大的。文化有交融性、渗透性,通过交流,互相学习,互相借鉴,这是发展文化的必由之路。中华五千年文明史就是在文化交流中不断发展壮大起来的。中国文化发展的第一次高潮在汉朝,公元前 2 世纪至公元 1 世纪,开通了丝绸之路，中国大陆与西方欧洲开展交流。第二次高潮在公元 7 世纪，在唐朝，加强了原有的丝绸之路，又开辟了海上丝绸之路。面临 21 世纪，我们有信心迎接第三次文化交流高潮的到来。今天是信息畅通、交通便利，给文化交流提供了前所未有的方便条件。我们大家携起手来，共同促进人类文明进步、文化发展。

当前世界还不太平，我们的文化事业做得好，对世界和平也是一种贡献。

小题目，大手笔

——怀念陈云同志①

新中国成立后，我国学术界习惯地听到“厚今薄古”的号召，革命要与一切传统思想彻底决裂。这种心态积重难返。经过“文化大革命”，极“左”的危害得到充分暴露，砸烂孔庙的碑林，却冒出了封建造神思想。人们已认识到文化是不能割断的。对中华五千年文化必须进行了解、研究、分析、批判地继承。文化遗产是中国人民的精神财富。我们炎黄子孙有责任研究它、发展它。恰在这时在陈云同志主持下发布了整理古籍的文件。

人们熟知陈云同志是我国最受尊重的领导人之一，长期负责工业、经济等方面的领导工作。当浮夸风泛滥，折腾得民不聊生、日子过不下去的时候，请他出来挽救危局。他对症下药，手到病除，全国受惠，功成身退，润物无声。

粉碎“四人帮”后，他曾对古籍整理工作有过指示。经他提议，中共中央下发了37号文件，文字不多，却给古籍整理工作奠定了基础，指明了方向，古籍整理工作从此开了新生面。陈云同志从此未再过问过古籍整理工作，有似神龙见首不见尾。他的领导风格令人赞叹、钦佩、怀念。

---

① 原载《古籍整理出版情况简报》2005年第6期，总412期。曾收入凤凰出版社2008年出版之《古籍整理与出版专家论古籍整理与出版》。

记得1958年,国务院科学规划委员会成立了"古籍整理出版规划小组",由齐燕铭同志负责组织工作。1959年,北京大学创立了古典文献专业,设在中文系,专门培养整理古籍的青年学者。记得在北大临湖轩开会筹建,参加的有文化部的齐燕铭,北大的翦伯赞、魏建功等中文系、历史系、哲学系的几位教师,以及中华书局连同新闻媒体人员,总共近二十人。会议决定由北大调配师资,开设考据、校勘、训诂、文化史等课程。第一届招生二十名,作为试点。当时北大中文、历史、哲学系的师生们,思想改造运动刚过去,知道应该培养研究古代传统典籍的人才,抱着试试看的心态。

1958年全国大跃进,北大文科师生正在农村劳动,哲学系师生下放到北京大兴县劳动。老教师如冯友兰、郑昕、张岱年,还有来华进修的外国留学生也跟着下去劳动,已不上课。接着是三年困难时期。古籍整理提不上日程。

记得三年困难时期,中华书局出版了一部《册府元龟》,是我国宋代编辑的一部很大的工具书,在香港印刷。在北海公园某地召开一个小型会。中华书局总经理金灿然讲了编辑出版的过程,当时周一良、周祖谟和我都认为这书很有用,提议中华书局把宋代《文苑英华》《太平御览》等另外几部大书一齐出版,以应学术界的需求。金灿然苦笑着说:"出这一部书还是冒着风险的,不能再出了。"周一良说:"《资治通鉴》、'二十四史'不是已经着手编辑出版了吗?"金灿然说:"那是毛主席点名要出的书,出版这部书我是冒着风险的。"金灿然并非过虑,"文革"中他竟以积极出版古籍而遭罪。

粉碎"四人帮"后,全国拨乱反正,古籍整理工作也随着形势的变化被再度提起。1981年5月、7月间,陈云同志有两次指示,指出整理古籍工作极为重要。最后中共中央发布了1981年37号文件,指出“这是一项关系子孙后代的工作”,要有长期打算。恢复了古籍整理出版规划小组,直属国务院,遴选小组成员五十三人,顾问三十四人,并指定李一氓同志负责组织工作。从此古籍整理出版规划工作开了新生面。

陈云同志的指示对这一工作的开展起了决定性的作用,我感到有三点值得特别指出:

第一,时机适宜。

全国在极左风刮得最激烈的时期,经济困难,饭都吃不饱,天灾人祸伴随发生。这些困难陈云同志了解得比任何人都清楚。只有生产上去了,国家稍稍富裕了,才有可能考虑到古籍整理问题。还有一个时机问题:一批老专家健在,我们新一代青年专家逐渐成长起来,有了一定人力。

第二,用人得当。

陈云同志深知李一氓是党内精通古代文化的老同志,有领导才干,德高望重,办事有魄力,善于团结人。李一氓担任古籍小组组长是最合适的人做最合适的事。我们经常看到有的工作确实很重要,也应该做,只是用人不当,好事没有能做好。像这样令人遗憾的事古往今来太多了。李一氓同志果然不负国家的重托,出色地完成了任务。

第三,建制有力。

设置古籍整理出版规划小组,直属国务院。赋予古籍办以直接调动全国人力、财力的权力。比第一届古籍整理小组时期,责任、权力都有所加强。

古籍整理工作既考虑到当前的急需,又考虑到长远,不求速效,不图近利,有些大工程项目要长期集中人力、不断由国家投入,短期的三五年,长期的也有十年、八年才能完成的。陈云曾指出,“整理古籍是一件大事，得搞上百年”。没有宏大的胸怀、高远的视野，提不出这样切中肯綮的意见。陈云同志重视古籍整理并不只是为了少数专家，而是更关心广大群众，强调提高全民的素质。他指出古籍整理要有今译；一般读者阅读有困难的，要有注释。这样的构想是为全体人民着想的。又由于古籍门类多、数量大，提出容易整理的先出版，难度较大的后来逐步解决。以中国古籍多达十几万种，期以百年这种设想是合理的。

中华秦汉以来历代有所作为的政府，建国后五十到一百年间，都是注重文化建设的时期。如汉代从文、景两代到汉武帝约70余年，唐代从贞观到开元盛世、清朝康熙到乾嘉约一百年。参照过去，新中国建国到现在五十多年了，文化建设也正当集聚资料、准备迎接文化高潮的时期。今天中国已走向世界，中国社会主义新文化既要吸收中国的优秀成果，还要吸收外国的优秀成果；既要总结古代，又要构建现代。我们古籍整理出版事业，是建设社会主义文化的组成部分。今天的资料整理，正是为迎接建设新文化高潮准备粮草。

只就1981年以来的短短几十年，我们整理出版古籍的数量已超过了前人。不是我们比古人高明，而是我们比前人占有时代赋予的有利条件，在前人基础上有所前进：我们有现代检索手段；用电脑代替手工操作，可收事半功倍之效；有丰富的出土文物与书面文献相印证；可借鉴近现代已经成熟的国际经验；有观察社会、剖析历史的历史唯物主义和社会发展观——这些优势条件是我们前辈学人所不具备的。我们看到今天已有的成就，不能不想到陈云同志对古籍整理事业的重大贡献，其社会效益及其深远影响已大大超出整理古籍的范围。他发纵指使，为创建社会主义新文化打下基础；使我们开阔眼界，走上坦途。古人的“为而不恃，长而不宰”的境界于陈云同志的作风体现得很出色。

与时俱进的古籍整理工作[①]

我国的古籍整理工作，极盛时期在17世纪，清朝康熙、乾隆、嘉庆时期，人才辈出，整理成果也很显著，特别是经学、史学方面特别突出，以后渐渐衰落。此后二百多年，新中国成立后，古籍整理又掀起一个高潮。这个高潮的势头比乾嘉时期还要大，而且水平有所提高。之所以有这样的成绩，主要是因为时代不同了，时代为古籍整理工作创造的条件更好了。乾嘉时期不具备的一些条件现在具备了，不具备的方法也产生了。我们有信心超过古人，原因就在于此。

1959年，北京大学创办了古典文献专业，全面继承和发扬清朝乾嘉考据学，同时又吸收到近代西方汉学研究方法，使古音韵、古文字等研究有了新工具。北京大学培养的新中国第一批古籍整理人才，近五十年来，成为我国古籍整理战线上的主力军。他们读的古书不及清代乾嘉时代的学者那样精熟，可是他们具备乾嘉学者所缺乏的现代科学训练和外国语言知识及汉学研究的新方法，比如自觉地运用归纳法、统计学、比较语言学等新方法。乾嘉大儒没有看到的问题，他们看到了。我们不能说今人比古人聪明，而是现代学者比前人增加了观察问题的工具，视野开阔了。

古人心目中的“天下”，不出《禹贡》九州，只是今天的东部亚洲。

---

① 原载《古籍整理与出版专家论古籍整理与出版》。

人类共同生活的地球，除亚洲外还有欧洲、非洲、南北美洲。由于各地区发展的不平衡，有的进入文明社会，有的还过着原始社会的生活。古代社会的“活化石”，给近代研究古代文化提供参考资料。“礼失而求诸野”，我们今天的“野”可以远到拉丁美洲、非洲内部。对我们研究古代社会，民俗又提供了参考资料。闻一多先生治《诗经》《楚辞》，许维遹治《管子》《吕氏春秋》，他们的著作醒人耳目；罗常培、丁声树治古汉语在有些地方超过顾炎武、戴震。因为抗日战争时期，北大、清华迁到云南昆明，他们有机会接触云南汉族以外的多种少数民族的社会，调查过他们的语言、语音，借助当时的社会提供的活生生的资料，反过来印证古代汉籍记载的文物故事，从中得到启发。他们对《天问》的理解与解释，对女娲、伏羲这些历史传说人物的理解，得到令人信服的结论。这里只是随手举几个例子，说明时代在前进，古籍研究自然也随着前进。

甲骨文在20世纪被发现，当初被人当作“龙骨”，用来配制中药。后来被学者王懿荣发现，王国维又加以系统研究、识别，与历史文献对照，进一步明确了殷代的帝王传承历史，从而把上古史的研究推进了一大步。以后，20世纪30年代，经过现代考古的科学发掘，发现了殷代历法、祭典。郭沫若利用甲骨文为原始资料，以历史唯物主义方法，初步构建出中国古代奴隶社会的面貌，从此中国古代历史学开了新生面。

前一二十年来，整理古籍先解决重要而急需的，如断代的文史资料汇编、全集、大型工具书、丛书，成果丰硕。留下来未能整理的，多属于难度大，不专属于传统经学、史学、文学方向的，待整理的有很多属于自然科学、工程技术科学、天文、数学、化学、生物、农林、古地理、中国古代宗教（如佛教、道教）等等。

我国现有的古籍整理人才、我们的骨干专家,多能通晓训诂、目录、版本、校勘之学,对其他学科,尤其是自然科学知之甚少。如敦煌学起步已历百年,已成为世界性的显学。中外学者们的敦煌文献整理工作偏重于世俗文书,占敦煌遗书百分之九十以上的大量的宗教文献还没有着手,原因是难度大,专家少。湖北荆门市发现的战国楚墓出土的竹简,是秦统一以前用楚国文字书写的,有许多字不能辨认。这些大而难的课题,都要21世纪古籍整理者来解决。

新中国经历了恢复经济、发展生产的道路,曲折前进,已取得了空前的成绩。我们古籍整理也不能滞后,因为它是新文化建设的一个组成部分。

古籍整理出版工作从1958年制定了国家规划,有计划、有组织地开展,其规模之大、调动人员之广泛普遍,称得上是自乾隆修纂《四库全书》之后又一次文化工程,超过了历史上任何一个时代。直到20世纪末,断代的文史哲社会科学、自然科学的原始资料都有了整套的"汇编""全集"等。专家著作的注释,也有了划时代的整理成果,如李白集、杜甫集、《中华大藏经》《续修四库全书》《四库全书存目丛书》等等,现在又要重印《文津阁四库全书》。

为了迎接将要到来的文化建设高潮,我们已进入着手开展综合性整理古籍的新阶段。所谓综合性的整理,是说对同一课题,从不同学科领域、不同角度,与同一个研究对象进行对比考察。整理工作与科研工作紧密结合,同步进行。已取得明显效果的夏商周断代工程,发动了考古学、天文学、古地理学、历史学等诸多学科协同攻关,经过这样综合研究之后,我们对古代传说与古籍记载,如夏商周的朝代断层、传承世家、三代建都地址、古代天文记载以及史书记载武王伐纣的确切年月有了明确的结论。经过这样大规模的综合研究,协同攻关,也给今后整理古籍提供了重要借鉴。

整理、标点、今译,今后还要进行,但这一工作量不会太大。剩下的一些标点、注释都是一些学科专业比较冷僻、读者范围不太广泛的古籍,数量虽不大,难度却不小。因此,更需要发动多种学科的专家,协力解决。

古人治学范围比今人窄狭,“十三经”及史学占了主要部分。按古人传统分类为四部“经、史、子、集”。近现代科学分类日趋详细,传统的经、史、子、集四部分类法已不能满足需要。研究古典文化的大型类书《中华大典》是按现代科学分类的中华五千年文献总汇编,共分为二十三个学科(典),每一学科(典)又分为若干子学科。这样的工作一经开始就遇到了单一学科专业的知识不能满足需要的问题。比如整理魏源的《海国图志》,如果能参照同时期的外国地图,注释的水平将超过不同版本的对勘。整理二十四史的边疆民族部分,如能附上有关相邻国家的地图,就更具科学性。今后整理古籍,如果再印二十四史,每一个专史附上这个朝代的地图(邻国地形、行政区、边界),就更能体现出现代科学整理的新方法新成果。《中国历史地图集》是新中国集体研究的成果,如果有了现成的新成果不用,就跳不出前人窠臼。又比如今天我们写清史,涉及中外交涉事件,如能在叙述中把对方的文书附上,就更能深入、全面地说明问题。古书中的民族语言、文字,过去只用汉字音译,有时不太准确。如能附上原书的原文,就增加了整理古籍的科学性。

又如,古书中的计算公式、专用名称,如能用近代通用数学形式予以注解,今人读起来会更容易理解。古人不用百分比表达数量比例,古人不可能用现代图表,今人整理古籍都可以考虑采用新手段。天文志如配以天象图,礼乐志配以音像光盘、五线乐谱,既省篇幅,又便于读者理解。

整理古籍，目的是为了今人的阅读，我们既要全部吸收前人优秀成果，又要表现出现代人的时代特色。前人已有的本领我们都学到手，又要有所增益、创新、发展。一概唯古是遵，不敢触动成规，学术就不能前进；对前人的成果置之不理，一切从头开始，自以为是新见，其实不但不是创见，反而暴露出其孤陋寡闻，实际上前人早说过了。两种办法都不可取。

过去古典文献的专业人才以乾嘉学派治学方式来培养，教学内容重点放在版本、目录、校勘、训诂等学科上，自然科学训练较少。中国古书，如道教的著作《道藏》中，有不少关于医学卫生及化学、生理学以及解剖学方面的内容。这些本来可以用现代科学语言或化学元素符号表达的，若我们不会运用，读者遇到这样的古籍难免被其中恍惚迷离的词句误导。整理古籍目的在于为阅读者提供方便。读不懂的经过整理读懂了，读不通的，经过整理，可以读通了。如果整理过的古籍，不能准确运用现代语言来表达，仍然使人看不懂，不解决任何问题，等于不整理。

还应看到，中国是个多民族的大国，汉文典籍最丰富，整理的任务也最重。其余五十五个民族，多数没有文字，也有几个兄弟民族有自己的文字，其古籍多为手抄本。他们也有悠久的历史。由于他们的社会发展基本处在奴隶制阶段，今天看到的少数民族的古籍主要是宗教典籍。这类古籍内容为原始宗教，他们的历史、文学、宗教及宗教祭祀活动混在一起，没有十分明显的界限。这些文献也是中华古典文献共同宝库的组成部分，缺了这一部分，对中国传统文化的认识就不全面，这一部分不研究，也难以看清楚中华民族多元一体、长期共存、互相交融的特色。整理少数民族的古籍也是今天建设社会主义新文化任务的题中应有之义。

这一方面我们做了一些有益的工作，但情况不同，发展也不平衡。藏文古籍整理做得多一些，其余如满、蒙、彝、东巴文也做了一些，还有那些已不再使用的死去的古文字，如回鹘、且末、吐火罗、西夏、契丹等文字的古籍，还有大量文献有待我们去开发、整理。这要有通盘规划，逐步开展。当务之急，莫过于积累资料（有的已经流散到国外）和培养人才（人才不贵多而贵精）。现有专家人数少而且年事已高，亟待补充新人。培养这类专家，目前采用的培养方式有些急功近利，在短期内不能要求青年学者写文章、发表文章。应当放眼未来，使青年人打下坚实基础，要求他们通晓两种以上的语言，一种是所研究的语言，一种是汉语，二者缺一不可。更进一步，则要求研究者通晓一种外语，以便及时了解和吸收这些领域国外专家的研究成果。

1981 年，中央 37 号文件上说过："整理古籍是一件大事，得搞上百年。"这是实事求是的估计。持续不断地做下去要百来年，现在才进行了几十年。早期培养成才的专家现多已在六十岁以上。当年的中年骨干都已年过古稀，相继退休，少数未退休的人员精力日衰。总要后继有人，才能维持下去。

古籍整理又难学又枯燥，要甘于寂寞，十年寒窗的磨炼是必不可少的起码的要求。回顾一下，我们新中国成立以来整理古籍，经得住历史考验的几部大书，如《汉语大字典》《甲骨文合集》《全宋文》《全宋诗》《尔雅释诂》《中国历史地图集》《中华大藏经》（汉文部分），不论哪一部，都要十年以上，而且都是集体协作的产物。

古籍整理有似地质队的野外勘探，这支队伍要不畏荒寒，不怕险阻，甘于寂寞，不慕纷华。从领导方面，为了建立这门学科，建立一支强大的文化整理大军。希望为他们开辟一条绿色通道，使他们安心工作，生活上足以养家糊口，他们的劳动受到应有的尊重和理解，他们就会从所从事的专业中得到一种精神安慰。因材施教，在学科带头人的带领下，只要有十来年，定会有成就的。他们通晓文字、训诂、校勘、版本、目录之学，再由此深入，接触到各有关专业天文、数学、地理、物理、化学、医学、农学，会成为新一代的专家。这样，我们的百年事业后继有人，前景无限。

记得当年清华学堂初办国学研究所时，聘请陈寅恪为导师。陈在日本、欧美留学多年，没有学历（硕士、博士头衔），没有一本著作，但清华认为他有真才实学。后来陈寅恪在清华任教多年，人们称他为“教授的教授”。北大“五四”时期蔡元培请青年教师胡适，他当时尚未通过博士答辩，还不算博士。梁漱溟连大学毕业的资格也没有，蔡元培校长看到他一篇文章《究元决疑论》，决定请他来北大教课。熊十力当兵出身，自学成才，熊继梁漱溟之后，接替梁漱溟来北大哲学系讲授印度哲学。梁、熊几位先生都是学术顶尖大师。

现在通行的衡量工科、理科的尺度，“量化”尺度不适用于选拔人文科学、社会科学人才。至于用什么标准为宜，尚有待多方面共同研究。但是目前规定的选拔标准，对文科不适用，则是无可争议的。

古籍整理本身不是目的。古籍是中华民族共同拥有的精神财富。建设社会主义新文化，只能在吸收优秀文化的基础上，不断积累。我们古籍整理工作者的任务就是为新文化铺平道路，提供原始资料，为迎接21世纪文化建设高潮添砖加瓦。能为未来新文化尽一份力是我们的夙愿，也是我们最大的光荣。

在《中华大典》工作、编纂会议上的讲话稿①

经过几年的努力,《中华大典》终于进入了正式编纂的阶段,这是一件值得庆贺的事情。在这里,我谨向那些为大典的编纂准备工作付出艰辛努力的同志们、对大典工作给予热情支持的有关领导和各界人士表示衷心的感谢。

我们今天所要编纂的《中华大典》,是在继承、弘扬我国类书优良传统的基础上,参照现代科学的图书分类法进行编纂的巨型类书,是上自先秦,下迄“五四”,我国古代典籍的资料性总结。

我国历代都有编纂类书的传统。实际上,类书就是摘引各种文献典籍中的资料,分类编排在一起的百科资料汇编。从曹魏时期的《皇览》以来,每个朝代都有类书出现。宋代到清代,我国有《太平御览》《永乐大典》《古今图书集成》等大型类书,一改前代只注重知识性和实用性的特点,而将其资料性提高到了重要地位。这一时期的官修类书卷,资料包容量很大,保存了古代的许多珍贵典籍,例如《太平御览》收书二千五百七十九种,其中十之七八的古籍都早已亡佚了。因此,宋以后的历代学问家都将其作为挖掘古代资料的宝库。

---

① 原载《中华大典简报》1993 年第 2 期。

《永乐大典》保存的古籍资料更为丰富，有些早已亡佚的书籍甚至能从中整本地抄出。另外，类书中所保存的珍贵版本，更是历代学问家校勘古籍的珍贵材料。

类书的编纂体例也有一个发展的过程。前代的类书大都是部、子目二级。这种结构的优点是简明扼要，一目了然。但因结构层次少，资料包容量不大，字数一多，查找就显得费事了。到了清康雍时期的《古今图书集成》，类书的框架结构有一个大的发展，由单纯的二级经目发展为由汇编、典、总部、部四级经目，汇考、总论等九个纬目构成的经纬交织结构，这是类书体例的一大进步。它的主要优点是：资料包容量大，便于查找。但由于时代的变迁，它的经目分类已与现代不相适合，因此现代人在查找资料时也往往会遇到一些麻烦。

鉴于古代类书的特点，我们今天来编纂这部大型类书，要吸取前人编纂类书的宝贵经验，还要以现代的科学分类方法补救古代类书之不足。《中华大典》原则上采用《古今图书集成》经目与纬目相交织的统一框架结构。但考虑到我国古籍的特点，对其经目和纬目，又参照现代科学的分类方法，每一大类的名称，均以现代科学命名，其内容也尽可能纳入现代科学分类体系之中，从而体现新型类书的特点。

《中华大典》与前代类书相比，除了体例上的创新之外，还在于它在资料收辑上超过历代任何一部类书。《古今图书集成》一亿六千万字，中国古代最大的类书《永乐大典》在散佚之前，也不过三亿七千万字，而我们的大典预计字数达七亿字以上。这个数字不是凭空想象出来的，而是通过大量的古籍调查及对比、测算而得出的。在《中华大典》中，一方面，要将《古今图书集成》之后的典籍补充进去；另外一方面，历代类书所漏收之书也要在这部书中整理编排。一些古籍、版本的新的发现,以及考古学成果的收入也将使我们这部书在资料收辑上比历代类书有大的发展。

另外,我们编纂《中华大典》将利用现代的技术设备,发挥社会主义大协作的优势,在图书版本的选择、校勘标点等方面超过古人所编类书,使类书的发展在我们这一代达到一个新的水平。要达到以上目的,还有一些值得注意的问题,我现在在这里强调一下。

一是图书资料的普查问题,这是开展工作的基础。《中华大典》是对中国古籍的全面总结,要体现一个"全"字,这就需要全面掌握中国古籍的历史发展及现有状况。另外一方面,中国古籍浩如烟海,不可能把要选入的古籍有关篇章全文收入,必须精选。全面和精选的关系要妥善解决。我们选用最好的或较好的版本,才能保证这部书的质量。值得高兴的是,近几年试点工作中已经有编委会这样做了,今后我们每个典或分典在动工之始都要进行选用版本的工作。

另外编纂类书就得有类书的特点。一是资料完备,二是便于检索。古代类书中有一个好的传统,就是引书的完整性,许多资料都是被整段、整篇,甚至整部书引入某一部类。正是因为这样,我们今天才能从类书中见到许多早已亡佚的古书的原貌,这是一个好传统,应该继承。编纂类书要求资料要引得完整一些,不要搞断章取义,也不要将材料分解得太琐细,这不符合类书的要求。

类书就是要便于查找。这需要一个合理的框架结构。经过几年的探索,我们已经有了"大典"的总体方案,各典和分典还要拟出与大典整部书的体例一致的框架。各学科都有自身的特殊性,这是不言而喻的;但不应过分强调其特殊性,要局部服从整体,尽力保持体系的完整,不要自乱体例。分类不能过于琐细,要使读者查找方便。古代类书中有好的经验,我建议参加大典工作的同志着手编辑之前,先研究一下古代类书。

前面谈到,《中华大典》要在体例上、资料收辑上及校点的质量等方面超过历代类书,这是我们的要求,只要所有参加大典工作的同志共同努力,是可以做到的。有党和国家的支持,有社会各界人士的支持,一定能高质量地编纂出一部无愧于时代的新型类书。在这里,我预祝《中华大典》的编纂工作圆满成功。

1992年9月9日

在《中华大典》工作、编纂会议开幕式上的讲话[①]

为节约时间，讲话稿我就不重复了。下面我再讲几个问题。

李彦同志工作很有经验，很有办法，组织了一个很好的班子来领导大典工作，我认为是很好的。

大典的重要性前面讲得很多了，这里我就不讲了，现在就几个编纂问题讲一讲。

资料的问题是在“文化大革命”以后引起我注意的。当时提出要与以前的文化彻底决裂。但文化是不可割裂的。我们大家都知道文天祥用生命保卫宋朝，但元朝代替宋朝后，其文化是承袭宋朝的，并且还有发展。比如宋朝的文庙还未达到云南，到了元朝，云南也有文庙了，各县都建。说明文化是继续发展的，割不断的。清朝对明朝也是一样的，清人入关之后，其文化也是继承了明朝的。为了建立新的，一定要继承旧的，这是文化的特点。

在这次会上，我们要在一起议论框架、方案，我们要好好议议分类问题，分类弄好以后对今后是大有好处的。分类的一个标准是继承旧的传统，另一方面更要考虑到我们这部书的读者对象，要想到下一代的人是一个什么样的文化基础，他们是怎么样查东西，不要光迁就旧的习惯。如《册府元龟》有它的分法，它那个分法整起来很不方

① 原载《中华大典简报》1994 年第 7 期。

便,它的天文、地理等等概念与现在很不相同,因此要考虑到今天的习惯。另一方面要考虑到怎样适应现代科学技术,怎样纳入电脑系统,怎样联系现代检索手段、光盘之类,等等。希望考虑一下这个问题。

另外是用书的问题。古本、善本当然好,宋刊、元刊离古代近,失真度小,但是也应想到新中国成立四十年整理古籍有很大成绩,要尽量利用新中国成立以来的标点、校勘成果。比如"二十四史",中华书局的校点本我认为是现存版本中最好的,现在我们对它提出的怀疑和指出其错误只是局部的,如果再成立一个班子要超过顾颉刚先生领导的那个班子所搞出的成果,是不可能的。

另外一方面,否定几十年来的整理成果,从面子上也讲不过去。要尽量利用后代整理成果,《资治通鉴》也应这样。这样做还可以省钱。宋朝的文集当然宋版很好,但现在《全宋文》出来了,做了大量工作,这个本子也很好,省事。又如医学书籍,我们也搞了很多的整理工作。敦煌卷子也出了很多,有国内的,也有海外的。应尽量利用这些成果,不清楚的再去查对原文,这是可以的,这样又省事,又快,而且又体现了我们现代的古籍整理水平。文化没有积累不行,要尊重前人的劳动成果,采用前人的成果可以少走弯路。又比如佛经,我们编《中华大藏经》,参考了八种版本,校证不在于评判它的是非,而是找出它们的异同,这样一书在手就等于有了八种本子。现在没有一个图书馆能存有八个版本的。这个成果也可以应用。再就是古典小说,已经出版了不少,影印的也很多,就用不着再去找古本来搞了。

另外就是整体布局问题,要考虑到全局的比例,有的要忍痛割爱,不要搞得比例悬殊太大。《中华大典》这件事我们要将它搞好,就要充分估计到它的难度。社科院有的同志反对搞这件事,不是在于这件事没有意义，不该搞，而是觉得困难太大，怕搞不好。

再就是出书的进度问题，我认为应该边搞边出，不断地搞，不断地出，这样做一是可以鼓舞士气，使大家看到成果；另外一方面是提供样子，使后面的有所遵循。现在已经在搞的几个试点应该先拿出书来。

最后，对于李彦同志讲话中所提到的一些办法，我表示赞同。

1992 年 9 月 9 日

在《中华大典》工作、编纂会议闭幕式上的讲话[①]

现在编委会已经正式成立了，这个机构应该做些实事。大家在这个会上提出了一些意见，我根据这些意见以及自己的想法，把一些设想给同志们汇报一下。

编委会要涵盖全部的古代文化典籍，面太广，其范围比清《四库全书》、明《永乐大典》都广得多。那时没有现在的先进技术，接触外来文化也比较少。现在条件好了，应该能干好这件事。范围这么广，我觉得编委会是有局限性的，因此只能依靠集体、依靠专家。要正确地认识自己，才能把这件事干好。编委会要做的事是各典、分典不方便做的事，如拾遗、补缺、协调等方面的事务。第一件事，要保证大典的质量，已经上马的典就不说了，将要上马的典、分典主编和编写人员，编委会要做些普查、审查工作，要找最合适的人来搞最合适的典，要在全国范围内来找。根据《大百科全书》的经验，各典要有一个挂靠单位，否则，光靠主编一个人是行动不起来的。如《大百科全书·哲学卷》挂靠社科院哲学所，再由主编去邀请全国有关学者，这样事情就好办了。分典主编人员选好之后，下面的工作就好办了，编委会不要亲自指挥。我们大典的典、分典主编找好了，这件事就有成功的希望，如找不好，就会失败。

---

① 原载《中华大典简报》第 69 期。

另一件事是确定分类的框架，已上马的典、分典就不说了，将上马的典、分典要好好考虑，要照顾学科性质，这个分类做不好，编纂工作就进行不好。要依靠专家，除分科编委会之外，还要找本学科的专家学者共同来论证分类框架问题，这样才能搞得好一些。

第三个问题是理顺资料供应的渠道，这件事做起来困难不小。有的图书馆日子过得很艰难，需要有点儿收入。北图情况好一点儿，但也有经费不足的问题，现在的购书量在逐渐下降。北图情况如此，其他馆就不用说了。因此，如何理顺资料供应的渠道还得认真研究，文件发了就推行无误的想法是不对的。出版社也应在这个问题上做做努力，一些整理项目如“二十四史”标点本的版权问题应怎么办，也得考虑。

第四个问题是大家应遵循的条例，也应定下来。

另一个是协调古籍整理小组与我们的工作。如我们的一个《书目文献典》，匡老领导的古籍领导小组，那里有一个“图书总目提要”，这件事应如何协调才能避免人力重复，今后的成果如何算，这些问题都得有人去解决，回避是不行的。如《古代科技汇典》是古籍领导小组的重点项目，与我们的科技典的关系如何处理，也应考虑。

另外就是海外资料的征集，这方面的资料很多，面也广。这方面的工作光靠国家恐怕不行，如果靠一些专家学者的关系来搞这件工作恐怕要顺利一些。

为了工作的顺利进行，经常开会条件不允许，我们采取两方面措施。一个就是请各典、分典的有关人员到北京来，大家接触一下，商量一下；另一方面就是编委会的委员到各地去，哪里有典、分典，就到哪里去，到那里住几天，直到把有关工作完成。双方这样协调一下，加强双方的交流，工作会完善一点儿，以免今后造成返工的现象。

另外是信息交流的问题。要出一个内部刊物,把大家遇到的困难、取得的经验以及教训刊出来,以利交流,这样会促进工作的顺利进行。

大典的横排竖排以及简体繁体字问题、用阿拉伯数字还是中文数字等也得考虑。这些还得从长计议。要避免出现新的差错,校对要负责,还要采取现代化手段,尽量把这套书搞得完善一些。以上是编委会要做的事,都是实事。另外,我们也不要把典、分典管得太多,管得太死,各典不便管的才由编委会管。

今天上午我们编委会开了会,为了便于工作,在编委会基础上设立了常务编委,我在这里口念一下名字:程千帆、戴逸、席泽宗、葛剑雄、刘乃和、庞朴、李学勤、戚志芬、马继兴、任继愈,一共十个人。成立办公室的问题,我们也要积极去做。

1992 年 9 月 11 日

创时代辉煌　对后代负责[①]

——介绍《中华大典》

编纂《中华大典》是由我国著名资深专家学者倡议,经国务院批准立项的新中国成立以来最大的一项文化出版工程,受到党和国家领导同志的关怀和支持。

中华文明是世界几大古代文明中唯一没有中断而绵延至今的伟大文明。我们的祖先创造了光辉灿烂的古代文化。中国历代聚集的大量文化典籍,是中华传统文化的主要载体和文化遗产的结晶。为了充分运用和发挥古代文献典籍的作用,我们的先人创造了中国独有的类书形式。

在中国古代文化史上,不乏宏篇大著的类书。《中华大典》就是继以博稽众籍、标其菁粹的《皇览》《太平御览》《册府元龟》《永乐大典》《古今图书集成》等大型类书之后,由当代专家学者在总结中国历代类书经验的基础上,按照现代科学分类方法编纂的一部新的巨型工具书。它涵盖全部的古代文化典籍,其范围比明代的《永乐大典》、清代的《古今图书集成》都广得多,其字数将超过历代类书的总和。

类书被人们称为中国的“百科全书”。中国古代没有使用“百科

① 原载《中国图书评论》1999 年第 11 期。

全书”一词。在我国学术界，“百科全书”一词出现比较晚，但我国古代学者两千多年编纂类书的传统早已为世界学术界所称赞。我国正式编纂类书，学者公认从三国时期魏文帝曹丕组织编纂《皇览》开始。

中国的类书与西方的百科全书有很大的不同。西方近代的百科全书是理论知识系统，以学科分目，组织专人进行撰写，叙述有关学科的历史、现状和理论知识。中国的类书是资料汇编系统，不论是官修还是民纂，从一开始便是以历史文献典籍汇编的方式出现。按类别把所要研究的有关资料，从古到今，分门别类系统地收集在一起，给研究工作者和实际工作者提供完整的资料或资料线索。

中国古代类书充分发挥了其历史作用，有些至今仍有实用价值。类书记载了先人们的社会实践经验和认识，一直为海内外学者所重视和利用，是进一步探索、总结和深化认识社会和自然发展规律的重要依据之一。我国著名科学家竺可桢撰写的《中国五千年的气候变迁》论文中，就大量引用了《古今图书集成·历象汇编》中的《乾象典》和《岁功典》的资料。1965 年《地理学报》上，刊登的上海市气象局原局长蒋德隆等在 1962 年所做的《1963—1993 年三十年间旱涝趋势展望》课题中，对江淮一带可能发生严重洪涝灾害做过早期预测。他们“根据回转周期群所相似分析及太阳双磁周总激发量达到空前强度，预测 1991 年至 1993 年间，我国长江下游（含太湖流域）可能有严重水涝”这一预测，就是他们从《古今图书集成》和一些古籍中，收集了从周代到清末二千八百一十二年（前 903—1909）有关各地气象的记载，用统计、分析、对比的方法，经过精心研究做出的。他们的预测得到了印证。英国李约瑟博士在编纂《中国科学技术史》一书时，不仅将《古今图书集成》列为常用参考文献，而且在其著作中大量引用其中的资料和图表。类书在保存中华民族最珍贵的文化遗产方面也发挥了重要作用。明代《永乐大典》成书以后，有不少古代典籍原有刻本亡佚了。如今得以流传，当属类书的最大贡献。修《四库全书》时，从《永乐大典》中辑出的佚书就达五百多种，许多系重要著作，共计四千九百多卷。另外，《永乐大典》征引的书籍来自明代南京文渊阁收藏的宋金元精刻本，利用它校订一些典籍，可以改正不少讹误。

毋庸讳言，古代类书因受时代局限和观点局限，也都存在着很大的缺陷和不足。如分类方法不尽科学，不便检索。古代类书已经不能满足当今研究和检索的需要。

正在编纂和陆续出版的《中华大典》，是一部包罗百科、内容广博、学术性很强、规模宏大的文化出版工程，全书达七亿多字。它的经目从上至下一般分为四级，即典、分典、总部、部，一级经目设典二十二个，二级经目分典近百个，三级经目总部超千个；纬目依次按题解、论说、综述、传记、纪事、著录、艺文、杂录、图表等九项展开。这部具有社会主义新时代特点的大型类书，包罗门类齐备；采取现代学科分类，便于检索；资料准确可信。

任何一种文化都有其历史的延续性，后代的进步离不开前代的基础。《中华大典》注意吸收古代类书的长处，避免其不足，加以改造和创新。人们常用浩如烟海、汗牛充栋来描绘我国古代典籍的繁富。从大量文献资料中检索所需要的资料，如不采取科学分类方法，将会困难重重。编纂《中华大典》就是为了解决这个难题，给今人及后人提供方便。对于传统文化中重要的不同学派、不同观点的资料，在辑录中兼收并蓄，力求做到客观、完整和全面。《中华大典》所设的不论社会科学典还是自然科学典，都以积累丰厚的史料为基础，推动人们从历史变迁和社会发展中进一步认识本学科领域的重要意义。如

《林业典》就考虑从生态环境、水土保持的角度去搜集资料，进行加工整理，使其反映出中国历史上大规模造林及大规模毁林的情况，给人以借鉴。

《中华大典》涵盖百科，需要调动各方面的专家、学者参加，才能保证达到当今已达到的国内外要求的水准。我们征聘了各方面公认的专家，负责编纂工作。在编纂经费、资料等十分困难的条件下，他们发扬奉献精神和敬业精神，担负起典、分典、总部的重要编纂任务。有的编纂人员抱病坚持，甚至病逝在工作岗位上。他们从体例设计、普查资料到资料分类爬梳、书稿审定，都亲自动手，使书稿达到了质量要求，体现了专家学者全面、客观、系统的研究精神。十年来，专家学者们兢兢业业，不敢懈怠，务期无负于我们这个辉煌时代，对子孙后代负责。

编纂《中华大典》是出版界的一件大事，也是学术界的一件盛事。它的出版发行，对于保护和弘扬中华民族优秀传统文化、促进社会主义物质文明和精神文明建设，具有深远的意义，将为海内外学术界以及愿意了解和研究中国古代优秀传统文化的广大人士，提供丰富的资料和重要服务。作为《中华大典》编纂者，愿向海内外推荐这部工具书。

在《中华大典》工作会议上的讲话[①]

这次《中华大典》工作会议,是继1992年工作、编纂会议之后,召开的又一次很重要的会议。根据目前编纂出版进展情况和经费条件的改善,会议对今后五年编纂出版工作做出新的部署安排,提出了完成时间的要求,我很赞成。各部门领导同志的重要讲话,充分肯定了专家学者和出版工作者多年艰苦奋斗的精神和所取得的成果,是对他们今后工作的有力支持和士气的鼓舞。

按照这次工作会议定下的规划目标,专家学者和出版工作者会在各级有关领导部门的大力支持下,继续团结合作,齐心协力,认真积极地抓紧工作,力争尽快取得预想的效果。

编纂类书是我国古代文献学上的一大创造,在我国有很长的历史,有很好的传统。自公元200年《皇览》成书以来,历朝历代都比较重视类书的编纂。在近两千年来,我国古代编纂的类书约有一千六百多种。其中卷帙浩繁,容纳五百万字以上的只有五部,在今天仍是学者和实际工作者查阅的重要文献和依据。由于历史的局限,所汇集的资料并不完整,而且采取用韵以统字、用字以系事的分类方法,查检不易,已经不能满足目前国内外学术研究和文化交流的需要。所以,在近二十年前,我国专家学者和出版工作者即开始酝酿筹组编

① 原载《中华大典简报》第131期。

纂和出版《中华大典》，以适应我国改革开放和各项建设，以及国际文化交流的形势。现在，世界许多国家的学者在考察、研究中国，呼吁我们提供中国文献资料。编纂《中华大典》的必要性已经超出中国的范围，具有世界意义。

《中华大典》这种新型类书，是继《古今图书集成》成书三百年之后，由当代专家学者倡议构筑的一项最大的文化出版工程。说其最大是指规模宏大和工程的艰难而言的，内容包罗百科，涵纳儒家、诸子百家、佛道诸教，以及志书的优秀文献资料。全书原计划分设二十二个典(工作全部开展后，根据实际情况还要做适当调整，有所增加)，一百多个分典，收书两万多种，七八亿字，是《永乐大典》的两倍，《古今图书集成》的四倍，超过中国所有古代类书字数的总和。

《中华大典》所录用资料，都是从中国古代浩如烟海的汉文资料中筛选出来的。出版一个千万字的分典，查阅的图书资料难以统计，仅初选摘录的资料也是成书的几倍，经反复筛选、爬梳、点校，最后编纂成书的只是其中最精华的部分。正在编纂出版的九个典，据统计，现在收集的资料超过两亿字，经过精编精校已出书五千万字，争取今年再出书五千万字。这些成果，是在经费十分困难、报酬很低的情况下，经过编纂者和编辑者多年艰苦奋斗获得的，来之不易。他们还在编纂、编辑、出版工作的过程中，摸索和创造了编纂类书的一些经验，走过一些弯路。这些经验十分可贵，可供新启动的各典借鉴，有利于今后提高书稿的质量、加快工作的进度。

从现在起，《大典》编纂出版的条件有很大改变。同是国家项目，在做法上，过去是领导机关支持，国家财政予以少量垫支款帮助，专家学者编纂，编辑出版均由各地企事业性质的出版社承担。这个办法实践证明不可行。由于经费困难，编纂工作进展缓慢，有时工作陷于停顿。现在情况改变了，国家财政拨专款给予保证，政府部门将其列入政府出版工作规划；工委会和编委会也做了调整和充实，增加了与编纂工作有关的党政部门在职的领导同志。今后编纂出版工作中的问题能够及时解决，《大典》工作前进的步伐一定会更快。

我提出几点意见，供各位参考。

一、要高质量完成《大典》编纂出版工作。

书的质量是书的生命。《大典》的质量问题贯穿编纂出版工作的全过程，每条资料的选录、每个符号的使用，以致最后印装成书，都同质量息息相关，要认真对待。希望各位专家学者和出版工作者根据这次会议的精神，把保证书的质量放在头等地位，继续齐心协力，艰苦奋斗，发扬奉献精神，抓紧时间，集中精力做好编纂工作。资料普查是《大典》工程的基础和第一道工序，编纂工作各个环节的经费应优先考虑，保证每个典前期工作的正常运转，编纂出高质量的书稿。质量和进度都要重视。会后各位典的主编还要同出版社共商具体安排，前九个典要力争在三年内全部完成出书。新启动的十四个典，要力争在2010年前全部完成书稿的编辑和终审工作，并完成大部出书，达到精品要求。全赖专家学者和出版工作者的协作和奋斗。我相信只要大家齐心协力去做，上述时限的要求是可以实现的。

二、要按倒计时的要求安排编纂出版进度

为了在规定的时间实现已确定的任务目标，每个典的资料普查、

编纂交稿、审定发排、印制出书,都应做出倒计时的安排,在规定的时限内完成规定的工作量和质量要求。《大典》的事,从酝酿到现在已近二十年,形势要求我们抓紧做,不能再拖延了。时间不等人,《大典》启动以来参加工作的领军专家学者已谢世九位。在某种意义上,编纂《大典》也是一种抢救工作,步子慢了,不利的条件和困难会更多。《哲学典》起步较晚,但他们仅用了五年多一点的时间(实际工作时间只有四年),就完成了书稿的二校,现在已进入三校,准备6月送《大典》终审,争取今年出书。《大典》编辑的《工作简报》已出版一百一十六期,哪一个典有什么好的经验和做法,《工作简报》会及时向其他各典介绍,以供参考。大典办公室要把《简报》继续办下去,争取办得更好。

三、要组建好老中青相结合的编纂班子

《大典》编纂实行主编负责制。编纂《大典》是古籍整理,也是学术研究工作,主要在老一辈有声望的专家学者指导和支持下,充分依靠和发挥中年专家学者在编纂工作中的骨干积极作用。同时,也要吸收一批学文史和科技史专业的青年参加。对他们来说,是一个进一步学习、深造的机会。通过三五年实际工作的磨炼,培育出一批具有较高专业水平的青年人才,得到书成人就的结果。为了调动他们的积极性,各典要配合有关部门认真解决中青年学者职称职务的评聘,经费报酬的多少,工作量的计算,以及承担编纂任务是否在本单位立项,十分重要。希望政府有关部门发文,把编纂《大典》作为国家项目正式下达到参编人员所在单位,要求承担《大典》编纂任务的学

术研究单位、高等院校，都要给予承认和立项，计算工作量，职称职务的评聘要与国家其他重大科研项目同等对待。

四、大典办公室继续发挥沟通、促进、协调、服务的作用，切实解决编纂出版过程中出现的问题

这里着重说一说大典办公室的职责和任务。按过去的规定，办公室是两委会的日常办事机构，主要任务是组织实施两委会制定审核的各项规章制度和各项决议，了解落实的情况，协调各典之间、典与出版社之间、作者与所在单位之间的关系，帮助解决工作中出现的困难、矛盾和问题，推动编纂出版工作的进度。

应该说，这些年来，大典办的同志紧紧把握住了自身承担的任务和工作职责，始终兢兢业业，认真负责，积极为编纂出版工作服务。编纂者和出版社的矛盾和争执，办公室的负责人都能及时协调，化解矛盾，保证编纂和出版工作的顺利进行。工委会和办公室的负责同志还利用各种机会，以开会和专访的形式，多次会见承担《大典》编纂出版任务的江苏、四川、浙江、云南、上海、湖北等省、市的省委、市委书记和有关部门的领导同志，争取他们对《大典》工作的了解和支持，先后解决了《文学典》《语言文字典》的困难。在山东大学、湖北大学等高校的立项问题，上述各省市都给了该省市相关出版社一定数额的专款补贴，提供了办公用房和设备，改善了工作条件。特别是江苏省有关部门对《文学典》的编纂出版工作，一贯给予了经费的保证和人员的支持。出版集团的负责人常说，要钱给钱，要人给人，砸锅卖铁也要把《文学典》编纂好、出版好。

还应该说的是，十多年来，《大典》办公室的工作条件极差，工资补贴很低，工作人员却从无怨言。办公室成立于1991年，一没有编制，二缺乏经费，三人手很少，少时只有一两位，多时三四位离退休的同志坚持坐班工作。办公室办公经费无固定来源，从出版社借用垫支款中提留百分之四，筹集四十万元，中宣部、新闻出版总署拨款六年，共计九十万元，另外筹集几十万元，总计一百八十万元。平均每年使用办公费十一万元左右。办公环境和条件非常简陋，办公室是租赁新华书店总店食堂楼上搭建的两间简易房，既作办公室又当书库。冬天室温最高在13℃左右，夏天太阳烤得像蒸笼。没钱购置办公设备，桌椅、复印机、书架、文件柜，大都是从中宣部淘汰的破旧家具中带来和借用的，有的是从总店扔的破烂中捡来的。因无会议经费，多年不开人多的大型会议，终审书稿会议费也由有关出版社承担。外地各典邀请办公室负责人参加会，也多由组织会议方付差旅费。办公室的工作人员外出办事尽量节省开支，不乘出租车而骑自行车。他们在很长的一段时间里，每人每月只补助九十元，不够一人每月中午一餐的盒饭钱。现在的工资补助每月也只有八百元。十六年来，他们始终保持着旺盛的工作热情和艰苦奋斗、克勤克俭的工作作风，是可贵的。现在国家拨了经费，工作环境和条件进行相应的改善是应该的和必要的。希望那种努力为编纂出版工作服好务的精神更好地发扬。

总之，现在我们面临着编纂《大典》的极好机遇，国家给我们提供了很好的条件，投入了很大的财力、物力。我们要在社会各界的支持下，使这一精神产品足以反映我国当代学术研究和古籍整理的水平，在社会主义建设中发挥作用，对中华文化建设做出积极贡献。为祖国争光，为后代留下一部完备、可信、可用的工具书。

我深知，承担各典的主要负责人及编纂者，多是他们本专业领域的骨干，手头都有较重的教学或科研项目。既然承担了国家的这个重大文化建设工程，希望能妥善、周密地安排好手头工作，出国访问、应邀讲学、参加学术评估审议等活动，能推迟的、能委托别人的都安排好，给大典编纂工作留出足够的时间和精力，务期不负国家的重托。愿与大家共勉。

2006 年 5 月 30 日

在《史学理论及史学史分典》付印样稿评审会上的总结讲话(摘要)[①]

1. 大家提的意见都要记下来,海纳百川,择善而从。我们大典实行的是主编负责制,遇到不同意见,最后由主编决定。

2. 对编纂和编辑工作都要认真负责。中华民族是重视历史的民族,广大读者都有一些历史知识,因此编纂《历史典》要想取得广大读者的认同,难度更大一些。我国历史长、史料多,更要高要求。《历史典》,还有《文学典》,编起来难度更大些。

3. 关于编纂采用的版本,不是版本越古越是善本。善本是指代表一个时代特色的版本,善本不是尽善尽美。近现代人整理过的版本,好的可以选用,标点是不具有版权的。

4. 天人问题,《哲学典》要讲,《天文典》要讲,但要有所侧重,比如天道讲到关系到政治、治乱、国家兴亡的,《历史典》也必须讲。有些重复在所难免,但在一个典内不要重复。

5. 关于摘录资料的字体,可改可不改的就不要改。要查对原著,对原著负责,尽量不要改动。必须改的要慎重。

6. 编纂者和编辑出版者要随时交流,《文学典》在这方面有很好的经验。书未出版前,编纂者和出版者就要交流,不要形成对抗。

---

① 原载《中华大典简报》第 134 期。

7. 有人对《四库全书》评价很低,主要是批评对民族问题方面有篡改。我们曾认真核对过,《四库全书》编者都是当时的专家学者,错别字比较少。

8. 用资料要和原书相同,不要改古书,在原基础上加以改善。

2006 年 10 月 27

在《中华大典》编纂工作经验交流会开幕式上的讲话[①]

很难得有机会跟朋友们见面，交流意见，今天大家聚集一堂，很高兴。先说我们这个《大典》的编纂，为什么要编这个典，“工作条例”上都有了，在这儿就不重复了。现在讲讲我个人的感想。《中华大典》的编纂，我觉得是时代的需要。《大典》的前身是康熙年间开始编纂的《古今图书集成》，这么一部书，是资料性的东西，现在那本书还能用。李约瑟编《中国科学技术史》，他要求工作人员手头必须摆一部《古今图书集成》，这就说明这个资料三百年以后还能起作用，这说明资料性的工作是基本建设。康熙皇帝的想法是盛世修典，国家强盛，有了武功……文治也要跟上。乾隆编《四库全书》也是这个意思。

我们今天来编《大典》这个工具书，不像皇帝为了表扬自己。我们经济连续三十年增长，这是当前世界上没有过的。我们持续三十年不断地发展，这是给我们今后的文化发展创造了条件，如果在二十年以前、十年前我们搞不了这么一个规模。国家经济大发展以后，文化发展高潮就要到了，我们《大典》所做的资料性的工作，是为今后文化高潮准备基本的资料。我们无愧地说，五千年的文明发展持续不

---

① 原载《中华大典简报》第 141 期。

断，在世界上只有我们中华民族这一家。世界上文明古国不少，还有比我们更古老的，可是他们那些文明古国，如埃及、巴比伦、古希腊等都没有持续下来，中断了。还有些国家有文明也很发达，可它有今无古。美国的历史只有二百多年。只有中国，五千年来持续不断地发展。我个人理解，文化就是人类创造的一切成果，都叫文化，有精神的，有物质的。

我们《大典》编纂的下限到辛亥革命为止，到1911年为止。因为辛亥革命以后，资料容易得到。古代的资料比较困难。古代也有工具书，可那个时候的工具书范围很窄，分类也不一样。我们现在编这部工具书为迎接文化高潮的到来，为我们后来文化建设提供方便。哲学，中国古代就没有这个名词，学科分类没有它，可是哲学的内容中国是有的，我们照现在的科学的分类，后人检索方便。我们必须做得可靠、可信，后人根据这个资料做研究就有了坚实的基础。我们为文化发展的高潮铺路。我们在座的各位都是文教界、出版界有经验的。回顾新中国成立五十七年以来，我们有一个很明显的失误，就是旧的文化和现代社会主义新文化割断了。可是文化是不能割断的。中华文化五千年，这份丰厚的遗产要十分珍视。我们这个乱的时候世界进步非常快了。有些耽误、失误就是文化的特点把它割断了。政治的革命，政治的转换，它可以以哪一天为限划开，只有文化不可能切得开。“五四”运动学生游行，发生在1919年的5月4日，“五四”精神绝不是5月4号那一天才有的。

时代需要我们做资料工作，为后来文化的发展做准备。时代要求我们整理资料，整理可信的资料，为后人所用，历史的使命给我们这么一个位置。整理资料，为后来文化建设的高潮做准备，这样我们的责任就非常的重大。大家不要轻视一个标点符号，古时候没有标点的,一个点点错了,意思就不一样了。《大典》的标点要求还是很高的,要有深厚的学问根底才能做到这一点。

大家都是比较忙的人,我们偏偏找的就是比较忙的人。没有什么专长我们还不吸收。难度比较大,其难度不在写专著以下。编者动手不要自己写作。印刷条件也方便了,出书比较容易了。市场上出现了一些印刷精美、内容空泛的专著。对社会没有什么用处,书能够长寿吗?清朝大学者顾炎武说过:著作者要写出前人所未及就,后世不可无者。整理古籍怎样才算及格呢?不要后人再费事,就算质量及格了。工业上防止低水平的重复性建设,我们文化建设也同样要避免低水平的重复性建设。现在我们《大典》做成以后也像《古今图书集成》那样,不说管三百年,能管一百年也好。

还有一个意思想提出来,现在参加的工作者都是学术界比较有地位的专家,国内也找,国外也找。希望大家接受任务以后,外来的应酬写作,要尽量减少,能够放一放,先把《大典》这件事做完。不要搞"胡子"工程。这是个系统的工程,哪一个环节出了问题,这个书就不能发挥社会效益,等于没有完成。一切都完了,印刷没有跟上,装订没有跟上,这个也不行。这个系统工程大家合作才能做成。

今天我们参加的人有出版界的、有作者、有组织者,凑起来才能完成它,才能把这个东西送到读者的手上,这才算完成。这个国家工程代表国家的水平,做得好以后为国争光,只能做好,不能做坏。责任重大,任务艰巨。我们对学术负责,成果不是能用金钱衡量的。我们编纂《中华大藏经》,前后编纂十二年,开始在社科院编,后来到图书馆接着编,编成了。编成以后,这个书作为国礼送给佛教国家,也得了国家图书奖。一块钱一千字,后来增加到两块钱一千字。最后增到八元一千字。我编这书不是冲着稿费我才编。既然时代要求我们做，需要我们做，我们应当做，这是心安理得的。这次编《大典》的稿费有所增加，并不算高，大家不要计较。港澳台这些地方稿酬比较高。如有要求讲学、写书，可尽量推后，尽量减少外来的干扰。

* * * * * * * *

大典有一个工作委员会，有一个编纂委员会。工作委员会的任务是排除外在的障碍和困难，编纂委员会的任务是一心一意地编书，保证质量。这两个分得比较清楚。我们大典办公室是协调这两个委员会所有的问题。大家有什么困难、问题，都可以向大典办公室提出来，这是为大家服务的机构。

还有一个意见要说明，我们大典实行主编负责制。有些问题争论不下，由主编决定。

2006 年 12 月 22 日

在《中华大典》编纂工作经验交流会闭幕式上的讲话[①]

参加这几天的会感觉很兴奋，也感觉到肩上压力很大。因为过去经费不足，没有条件，只有苦干；现在这个条件好了，舞台搭好戏要唱砸了的话，怨不得别人，只能怨我们编者了。一方面是高兴，一方面是担子很重。这次会开得很好，刚才永湛同志讲得很全面，有些话我就不再重复了。我就讲些具体的事。咱们这二十四个典，与1988年、1992年设计的典有点变化，从科学体系上来说并不令人特别满意。比方我们原来就有《考古典》和《民族典》。后来取消了。考古研究所有规定，没有公开发表之前，任何人不可以报道，后来就没有上。《民族典》，还有一个《其他社会科学典》，这些典都取消了。社会学边界不清，取消了。《民族典》我感觉问题也很难，五十六个民族中有的民族没有文字。古代关于少数民族的汉文记载更不全面，有的多，有的少。古书大汉族主义有的对少数民族记载有偏见，也不利于民族团结。就取消了《民族典》，增设了《民俗典》。《民俗典》就丰富多了，自由也多了。二十四个典的设置，在科学体系上不是太理想，但基本上可以涵盖我国古代文化的全部。《农业典》筹备工作中间停顿了一段，停了以后我们仍很注重《农业典》。我国农业立国五

① 原载《中华大典简报》第141期。

千年，外国就知道我们农业很有成就。刚才《农业典》的主编已经说充分利用数据库。我希望建立数据库，先满足《农业典》的需要。再一个就是国家图书馆的资料比较丰富，可以保证供给。

资料取得，有红头文件发到，这个不再说了。还有一个途径，就是我们各个典的专家们尽量利用个人的关系，国内的、海外的都有。有时候私人的交谊比红头文件还要快捷。我过去编《中华大藏经》有过这种经验，《医药卫生典》也有类似的经验。过去台湾跟我们也没来往，我们通过美国的朋友再到台湾。除了国家支持以外，尽可能用些关系来取得资料。

再一个就是奉献精神。奉献精神我主要指的是我们在座的几个主编。对于年轻人要给予充分的体谅。因为他们拖家带口的，上有老下有小，有时候小孩的费用比大人还多，这是实际困难，必须考虑到。给他们解决点实际困难。

再就是这个"一发千钧"，或者说"千钧一发"这个典故，现在理解就是危急时刻，字典里就是这么讲的。原来"千钧一发"出于《墨子》，两千四百年以前讲如果你拉动千钧的东西（一钧就是三十斤），千钧原则上、理论上，一根头发能拉得动的，断裂处往往出在拉动物体的绳子的薄弱环节上。如果消灭薄弱环节，是可以拉得动千钧的。现在我们材料力学研究薄弱环节，现在我们工作里头也有它的薄弱环节。各个典的主编考虑考虑薄弱环节，能弥补的就赶快弥补；要是实在弥补不上，我们又得保证质量，我们宁可把这一部分已经有的有把握的材料分解使用，这样就忍痛取消一个部门充实别的部门，不得已的一个办法，忍痛的办法，弥补一下。

关于各个出版社的领导层，各出版社要指定有一个领导层的专人管《大典》工作。光找第一把手不行。一定要有个专人，这个专人要有权利，自始至终盯到底，比责任编辑再高一层的领导要出一个专人。兼顾不行，因为他没工夫看稿子，几千万字他怎么看得过来，他想看也看不过来，没工夫看。希望最近期间，各个典根据自己的情况出个样章，内部讨论，自己给自己挑毛病：哪些不够，哪些符合体例，哪些不符合体例，这是保证质量的第一步。体例都熟悉了，下面的工作就好办。要是生米煮成饭，你要是再改就很难。

我很放心的一个典就是《军事典》，我们这个解放军作风我也信得过，由解放军编《军事典》，这个没问题。《文献典》的人力集中，有较好的学术传统，不会有大的问题。我很担心的是两个典，一个是《历史典》，一个是《农业典》。《历史典》原主编戴逸调去搞清史去了，不能兼顾，中途换将，我们的工作损失很大，耽误了一段时间。再就是《农业典》，我们是农业立国，人家就看我们的《农业典》。《医药卫生典》也很重要。《历史典》和《农业典》就不一样了，农业立国这是国家的本钱，这是几千年靠农业立国的；关于《历史典》，对《历史典》的要求高，很多人都能挑毛病。《文学典》走在前头，给我们大典立了大功，取得的经验非常有参考价值，《文学典》值得特别表扬。我记得第一次讨论高纪言同志带来的稿子，大家批评得体无完肤，高纪言也不生气，笑嘻嘻地说我们要改，不合要求的一定改。从编出的成果看，《文学典》很好，评价也很高。《文学典》已经开始用现代技术，《宋辽金元分典》起步晚，完成得快，他那个典的作者都用电脑，时间就省了。这个典编成后，很多副产品也跟着出来了。《中华大典》编成后，除了培养人才以外，副产品也是很丰富的。《艺术典》起步晚难度也很大。昨天下午我参加了《艺术典》的会议，艺术也是代表中国文化思想的重要方面。各个典的难度不一样，希望咱们各典都注意消灭薄弱环节，从而保证《中华大典》这一工程胜利完成。

2006 年 12 月 25 日

在《中华大典》工作会议上的总结讲话(摘要)[①]

刚才伍杰同志的讲话,代表了大典编委会和大典办公室的意见,我完全同意,下面我再讲几点意见。

1. 各典在编纂工作中要注意收集稀见的资料,要做到不滥不漏,这样会对后人有很大好处。

2. 收集到的原始资料要多校几次,使之做到准确无误。现在用机器操作,有时会成行脱落。出版社要定制度,规定各级主编要亲自校阅多少数量。出版社要设专人校对。

3. 标点是不具有专利和版权的,经过近现代人整理过版本上的标点有用,可以参考。

4. 使用数据库,有的典可先行,逐步推动。

5. 现在的《四库全书》,比原宋刻本更精一些,只是对民族、政治等部分有改动,历史上政权更迭史料都要有变化。把《四库全书》贬得很厉害不对,应择善而从。

6. 保证质量的工作无尽无休,差错率规定万分之一,只是治标的办法。出版书并不费事,能否保证质量,这是需达到的标准,要依靠专家,主编是负有责任的。质量一定要搞好,各典要定出自己的要求。

---

① 原载《中华大典简报》第 164 期。

《大典》这种大型类书，近期不可能再有重编的，我们一定要注意质量，给读者提供一部可信实用的工具书。

2007 年 6 月 30 日

在《中华大典》编纂出版工作会议上的讲话[①]

永湛同志和斌杰同志刚才的讲话，我完全同意，就不再重复。现在，我从编委会的角度谈几点意见。今天这个会，是全面向《大典》工程进攻的一个誓师大会。外部的条件都有了，就看我们内部的工作做得怎么样。

我们一再要求也是共同的愿望就是保证《大典》的质量。保证质量工作的第一步就是编纂工作的质量要保证。编纂编坏了，编歪了，以往所有的工作都没有用了，是不能补救的。各典编纂工作的第一步就看编的质量。编委的工作责任重大，这与质量的高低、编纂的成败很有关系，请大家引起充分的注意。《大典》是长期被人引用的工具书，一部收集文献资料的书。它是长销书，不会变成畅销书。它是供人们长期使用的，就更要细心，这是保证质量很重要的一点。各典的质量要靠全体编纂和编辑人员的保证，谁编谁就要承担保证的责任。

现在有一个多年来就有的问题。我们二十四个典的主编都比较忙，任务比较多，有的兼了一些行政事务，所以，要集中精力，保证质量。全力以赴难做到，那就希望做到主力以赴。各个典主编开始尽量地全力以赴，在一段时间里把主要的力量用在《大典》编纂上，看能

---

① 原载《中华大典简报》第 189 期。

不能安排,其他活动能够推迟点的往后推一推。各位主编年纪都比较轻,身体也比较好,往后推推有时间了再做。请你们自己掌握,硬性规定也不可能,自己要掌握一下。要求你们在两年之内集中力量放在编《大典》这部书上,往后外面请你讲学你可以推一推,做报告可以不去的尽量不去,集中精力保证编《大典》。

再就是二十几个典都有各自的难处,也不能统一规定要怎么样就怎么样,希望各个主编了解自己典的薄弱环节在什么地方,加以克服。这样,典的学术价值就会提高一步,上一个台阶。希望各典主编心里都有数,薄弱环节给补上,补上以后典的面貌就会为之一新。首先是人力,人要找对,人找不对以后就很麻烦。

还希望大家在开始的时候要注意体例。比如古代帝王年号后面加一个公元多少年,有的写中文,有的写阿拉伯数字。出版时要统一。这点小事一开始注意,就可以避免返工,因为我们是几亿字的大书,返工时间耽误不起。所以开始的第一项要注意体例。

再有一点请注意,就是交叉重复问题。一个典内的科学领域有些接近的,会有交叉,可以有点重复,但分典的内部尽量避免交叉,避免重复。不同的典之间允许有重复,像《历史典》讲司马迁,《哲学典》也讲司马迁,这是不可避免的。像韩愈既是文学家也是哲学家,可能在几个典里出现。各典内部要自己调整好。

还有一点,希望大家经常交流情况。全体的会不能常开,但通气的会即小会尽量多接触接触有好处。现在通信方便,不一定全靠开会。各个典有什么经验,也都可以利用通信工具多交流。

最后一个要求是,典是长期使用的,保证质量就是要准确。准确就是不要与引用的原书、原始材料不一致。这样人家才能信任这个书。人家查到资料信不过,不放心,还要再核对原书,就说明我们没有做到保证质量。一定要使人信得过才算质量合格。

衡量质量,标准是选材要有代表性。选资料时,有代表性的没选,没有代表性的又选上了,这就不妥当。第二是选可信的资料。可信,信得过,查完《大典》以后,不必查引文的原始资料,信得过,不会有错。这也是保证质量的要求,不算太高,做到也不那么很容易。

最后的一个感想是,这个文化建设比别的建设更难,不像修高速公路比较容易,只要有钱有材料就干吧,文化这个可不行。比方说我们这个任务前十几年没有启动,现在开始启动,也给那么多设备和经费,也给你保证一切要求,我们能拿得出来吗?拿不出来。这不是很快就能够完成的。科技发达的今天一个人一年出十几本书都不稀奇,也不难,十年磨一剑的很少。我们这个大典不只十年了,希望大家认真地保证质量,做好。

2008年2月24日

关于影印汉文大藏经的设想[①]

佛教传入我国后,即与我国古代传统文化结合,形成了独具特色的中国佛教,成为我国古代文化的一个重要组成部分。李一氓同志说,对于佛典、道经,“我们把它们当成中国哲学的古籍来整理,不能仅仅意味为宗教”。我十分同意这个意见。整理佛教典籍,本应是我国义不容辞的责任。多年来,由于种种原因,我们一直没有一部完整的、有权威性的佛教全集。迄今世界上还以日本大正大藏经为权威版本。我国学者每当在使用大正藏时,心中总有说不出的滋味。其实,大正藏中不仅错误很多,即就所用参校版本也并不完善。我国现存的赵城藏、房山石经等均为稀世珍本,为日本修大正藏时所未得见。为了维护民族荣誉,为了促进学术繁荣,更好地利用我们的文化遗产,有必要编纂一部完善的汉文大藏经。

现将我所了解的我国现存汉文藏经的情况,和编纂一部新编中华大藏经的设想报告如下:

根据现有资料,汉文佛教大藏经大约有下述的三种情况:

---

① 据《任继愈学术论著自选集》,北京师范学院出版社,1991 年版。原载《古籍整理出版情况简报》1982 年第 1 期,总 90 期,后发表于《文献》1982 年第 13 辑。

一、唐代以前入藏的写本

虽然在不同的历史时期曾编纂过二十余种经录，但所收经籍数目颇不一致，基本上可以用《开元释教录》作为代表，共入藏一千零七十六种，五千零四十八卷，千字文编次由天字至英字四百八十帙。

二、宋代以后的木板雕印本

共有十九种不同版本；其中散失殆尽，基本不存者两种——《开宝藏》和《契丹藏》；仅有目录可能未刻者一种——元代的《弘法藏》。现存的十六种中，国内版本十二种，国外版本四种，兹略述如下：

(一)国内版本

1.《崇宁藏》 1080—1104 年刻造，全藏五百八十函，千字文编次天字至虢字，一千四百四十部，六千一百零八卷。国内已无全藏，据以前资料称，故宫图书馆藏有一藏，尚未证实。

2.《毗卢藏》 1112—1151 年刻造，全藏五百九十九函，千字文编次天字至颇字，入经一千四百五十一部，六千一百三十二卷。国内已无全藏。

3.《圆觉藏》 北宋末年(1132)刻造，全藏五百四十八函，千字文编次天字至合字，入经一千四百三十五部，五千四百八十卷。国内已无全藏。

4.《资福藏》 ?—1175 年刻造，全藏五百九十九函，千字文编次天字至最字，入经一千四百五十九部，五千九百四十卷。北京图书馆藏五千三百余卷。

5.《赵城藏》 1149—1173 年刻造，全藏六百八十二帙，千字文编次天字至几字，入经约一千六百余部，现存五千六百余卷。北京图书馆及民族文化宫图书馆藏，但其中杂有明代万历二十年（1592）及清代雍正九年至十一年（1731—1733）根据明永乐南藏本抄补的在内。（共二百余卷）

6.《碛砂藏》 约 1225—1322 年刻造，全藏五百九十一函，千字文编次天字至烦字，一千五百三十二部，六千三百六十二卷。陕西及山西均存，但都略有残缺。1931—1933 年时，曾据陕西所藏本影印过五百部，缺佚者以资福、普宁、永乐南藏及陆道源本、亦黑迷失本等补入。影印本共六十函，五百九十三册（经文五十九函，五百九十一册，目录一函二册），约较原大缩小二分之一；但仍阙十一卷（宁字函第四、九、十卷，更字函第一至三卷，横字函第七至八卷，何字函第八至九卷）。

7.《普宁藏》 1277—1279 年刻造，全藏五百五十八函，千字文编次天字至感字，一千四百三十部，六千零四卷，此后又补入约字函七部六卷，加上武字至遵字号已遗失目录的秘密部经轨二十八函，共五百八十七函，近一千五百部，六千余卷。云南、山西、陕西等省均存。

8.《洪武南藏》 1372—1398 年刻造，全藏六百七十八函，千字文编次天字至鱼字，一千六百部，七千余卷。此藏在 1408 年板片被焚，印本仅存一部，略有残缺，并杂有部分坊刻本及抄补本在内。现藏四川省图书馆。

9.《永乐南藏》 约1408年后至1419年刻造，全藏六百三十六函，一千六百一十部，六千三百三十一卷。全国现存者尚多，仅北京地区估计即在五部以上。

10.《永乐北藏》 1421—1440年刻造，全藏六百九十三函，千字文编次天字至史字，一千六百六十二部，六千九百三十卷。全国各图书馆及寺院所存者较多，北京地区估计在十部以上。

11.《嘉兴藏》 1589—1676年刻造，全藏分为正藏二百一十函，用千字文编次，系永乐北藏的复刻本，续藏九十函，收入藏外典籍二百四十八种，约三千八百卷，又续藏四十三函，续收藏外典籍三百一十八种，约一千八百卷，总计为三百四十三函，两千零九十部，一万二两六百余卷。（北京、云南、浙江存有全藏近八部）

12.《清藏》 1735—1738年刻造，全藏七百二十四函，千字文编次天字至机字，入经一千六百六十九部，七千一百六十八卷。经板现存，全藏印本所存者亦多，1935年还刷印过二十二部，北京地区大约有五至十部。

（二）国外雕版本：

1.《高丽藏》 共刻造过三次，前两次板片均被焚毁，第三次系1236—1251年刻造的，根据底本为北宋开宝本，板片现存。全藏六百三十九函，千字文编次天字至洞字，入经一千六百二十四部，六千五百五十八卷。国内可能存有伪满时期印刷的一部。1977年日本曾缩印为精装四十余卷，发行一百部。

2.《弘安藏》 日本最早的雕印本汉文大藏经，1287年刻造，入经内容不详，现仅存少数印本。

3.《天海藏》 1637—1648年刻造的活字板，据元代普宁藏而有所增减。全藏六百六十五函，千字文编次天字至税字，入经一千四百五十三部，六千三百二十三卷。

4.《黄檗藏》 1669—1678年刻造，系以嘉兴藏正藏为底本而有所增补。全藏七百三十四函，入经一千六百一十八部，七千三百三十四卷。板片现存。

三、汉文大藏经的排印版本

共有六种，国内两种，国外四种。

（一）国内版本为：

1.《频伽藏》 1909—1913年排印，全藏四十函，千字文编次天字至霜字，入经一千九百一十六部，八千四百一十六卷，四百一十四册（目录一册）。系以日本《弘教藏》为底本而略有变动的一部藏经。

2.《普慧藏》 1943年编印未完的一部汉文大藏经，原计划是以汇集南传北传诸经论，校正前代印本之漏误，改订翻译名义之异同，广事搜集各藏以前之遗佚为目的；但经过数年经营，只印出一百册，内容有部分其他各藏未曾收入的经、论、疏释及日译本转译的南传大藏经中部分典籍。这是一部未曾编纂完毕的大藏经，发行面不广。印出的存书在60—70年代毁弃。

（二）国外排印本：

1.《弘教藏》 1880—1885年编印，全藏四十函，千字文编次天字至霜字，共四百一十八册，入经一千九百一十六部，八千五百三十八卷。

2.《卍字藏》 1902—1905 年编印，据《黄檗藏》校排，共三十七函（目录及索引各一函），三百五十七册，入经一千六百二十二部，六千九百九十卷。印就后不久，即失火被焚，流传甚少。

3.《卍续藏》 1905—1912 年编印，为《卍字藏》的续编，内容系广泛搜罗中国及日本所存历代未曾入藏的佛教典籍汇编成书，曾受到金陵刻经处杨仁山及国内各大寺院和其他佛教居士们的大力支援。全藏一千六百五十九部，七千一百四十三卷，共一百五十一函，七百五十一册（目录一函一册）。印就之后，存书和《卍字藏》所存者一同被焚。民国初年商务印书馆曾影印过五百部发行。

4.《大正藏》 1924—1934 年编印。全藏共一百卷，正藏五十五卷，续藏三十卷，别卷十五卷（图象十二卷，总目录三卷）。正藏入经两千两百三十六部，九千零六卷，除传统入藏诸经、律、论、法之外，包括部分遗佚经论在内。续藏第五十六至八十四卷，系日本佛教徒有关经疏、论疏及各宗派的著述；第八十五卷收入南北朝及唐代古逸和疑伪经及疏释等一百八十九种。

根据以上的三种情况来看，历代入藏的基本经籍最少者为一千种左右（包括房山石经的九百六十余种在内），最多者为两千两百余种，平均数约在一千六百种左右。这个数字也是宋元明清各藏入经的基本数目，加上各藏特有的经籍，计房山石经约七十余种，嘉兴藏五百余种，频伽三百余种，大正藏六百余种（包括第八十五卷的古逸疑伪诸经在内），续藏一千六百余种，以及其他各藏特有的少数经卷等，共约三千余种，其中内容重复的不少。除去重复的，约为两千五百种左右，加上传统入藏的基本数目一千六百余种，现存汉文佛教经籍总数约是四千一百余种（二十二种大藏经通检稿总数为四千一百七十五号）。

如果我们考虑为了保存和中国文化有着较为密切联系的这些佛教典籍，而计划编印一部新的汉文佛教大藏经时，所收佛典似应概括全面，以此数据为准，最好采用影印办法。既可避免校核造成新的差错（日本《大正藏》即是前车之鉴），又可以保存古籍原貌。省去了繁重的校印排字的过程，还能大大缩短印刷时间。底本采用现存最有文物价值的《赵城藏》。所缺佚者以资福本、普宁本或碛砂本等补入。其他各藏的特有经籍及语录等，如房山石经和嘉兴藏续藏的藏外典籍则可用原刻本摄印。大正藏中的一些特有经籍大都来源于敦煌经卷，则可据敦煌写本复制。至于《卍续藏》所收的阙佚诸经论，恐原来底本已不易寻获，似可另行排印，或据续藏本影印亦可。这样编印的一部汉文大藏经，不但保留了古代佛教典籍的原貌，而且还具有中华民族文化的特点。经过千余年来的历史进程，各版汉文佛教大藏经在流传甚少或成为海内孤本或仅存零散印本的情况之下，编印一部汉文大藏经是有着一定的历史意义和价值的，它将会对哲学、文学、历史、考古、雕塑、建筑以及佛教本身等方面有关的研究工作提供丰富的资料。

当前随着我国国际交往的日益扩大，宗教文献的出版对加强国际学术交流、增进人民之间友好往来、宣传我国古代丰富文化遗产成就、提高我国的国际学术地位，都有积极意义。

新中国成立三十多年来，我国在各方面取得了卓越成就，但在整理文化遗产和积累资料方面做得很不够，还没超过新中国成立前商务印书馆所做出的成绩。这一薄弱环节现在应尽快补上。

我与《中华大藏经》[1]

一

佛教起源于印度次大陆，传播地区包括今天的尼泊尔、印度、巴基斯坦、斯里兰卡、缅甸、泰国等地，传入中国时间约有两千年。因为宗教传播不同于某一政治事件，可以有确切年月和时间。文化传播是渐进的，有它的群体性、社会性。传入须有一段被接受的过程。开始传播，虽然只有少数人，由少数人的传播到拥有一定数量的信徒，绝非一朝一夕的事。因此不能说出佛教传入中国确切年代为某某年。

佛教传入中国，有三条途径。一条在云南西部边境，经缅甸接壤地区传入；一条经尼泊尔传入西藏地区；一条经中亚细亚，传入新疆以至长安、洛阳。

这三条途径传入中国的佛教都有相应的影响，并形成了中国佛教的三个支派。传入云南的一支形成"云南上座部"，传入西藏地区的一支形成藏传佛教，传入黄河流域的一支形成汉传佛教。由于各地区的文化、人口、社会生活的差异，这三大支派发展的形势也有差

① 原载《学林春秋》（初编），朝华出版社，1999 年版。

别。信徒最多、影响最大的是汉传佛教这一支派。“云南上座部”人数最少，传播地区局限于云南省西部边沿地带。藏传佛教，传播较广，从西藏开始，沿中国西北到内蒙古外蒙古以及俄罗斯远东地区，都有影响。这两大支派自成体系，本文暂不论，只谈汉传佛教这一支派。

汉传佛教以汉文化为主体，以佛教汉文译本及汉文阐述，系统地介绍了佛教历史、经典、教义。传播地区首先从黄河流域开始，随后扩展到长江、珠江流域。此后又以汉文佛教译著向东部邻国扩散，经过朝鲜半岛东到日本，南到越南。

中华民族自古以来就是一个有高度文明的大国。它有深厚悠久的文化传统，对外来文化有鉴别、择取的能力。佛教传入时，并不是很顺利地被接受，而是经历了一段长期的交流、冲撞，才逐渐吸收其中的一部分，与中国传统文化相结合，从而形成了中国佛教。这一特点汉传佛教表现得最充分。中国藏传佛教及“云南上座部”也有类似的情况，这里不俱论。

佛教传入开始是介绍性的翻译著作，这是第一阶段。第二阶段是相互沟通、理解。这一时期的佛教典籍多为注疏类著作。第一阶段的著作人为翻译家，是佛教典籍传译的主持人。第二阶段为该经典的传播者的著述，内容为中国佛教信徒关于该佛教典籍的理解、阐释。这一时期的作者已由外国佛教学者转移为中国佛教学者。著作的内容也从介绍、转述到阐发、发挥，继承了中国古代著作传统的以述为作，以述代作。名为佛经的注疏，其内容主要是著注疏者自己的体系。

中国佛教不同于印度的佛教，可以分四点来谈：

（一）中国佛教随着中国社会历史前进而前进

佛教初传入时，与中国的黄老神仙方术结合，成为汉代道术的一种，首先流行于上层社会，在皇室、贵族中传播。汉桓帝在宫中立“黄老浮屠”之祠，与当时祠祀信仰同等看待。到了魏晋南北朝时，佛教与玄学配合，得到当时学术界的接受，形成了玄学化的佛教。以后，佛教随着中国社会思潮的变迁，由本体论进入心性论，佛教也以心性论为阐发重点。北宋以后，儒教取得统治地位，佛教开始儒教化。中国社会历史随时间变化，出现新的学说、新的学派，佛教遂有与之相适应的学说、学派。不停顿，不断前进，这是第一个特点。

（二）中国佛教的协调性

秦汉以来，中国是个多民族的统一大国，这是两千多年的基本国情。多民族，需要互相协调，取长补短，共同进步。多民族共同生活在一个共同体中，必然要求发扬协调精神。中华民族是从众多的部族融合而来，历史上至少有四次民族大融合①。这些融合，并不限于血统上，而在于文化上，血统融合反倒是次要的。

融合广大地区人民文化生活、风俗习惯，以至生活方式、生产方法，都有各地区的特点。在中央政府统一领导下，可以开展物资交流、人才交流。在同一中央政府领导下，集中南北各地人才，进行全国范围的经济建设、文化建设，必然经过协调才能发展。

佛教原来有早期、晚期、地区语言的差异形成的许多流派，古代印度曾引发过不少矛盾。中国佛教，即以判教的方法，来调和、消解佛教内部教义分歧。认为各种不同的学说都有道理，都是佛教主张，只是由于听众不同，说教的时间、地点不同，听众的理解水平不齐，才有不同的佛教典籍为听众解答疑难。经过判教的处理，看来水火不

① 西晋末期、南北朝、辽金元、清朝。

相容的教派,统一了步伐,协同前进。

中国佛教除了消除佛教内部的分歧争论,还进而协调了与道教、儒教理论纷争。如汉传佛教认真吸取了儒家的忠孝思想,把它纳入佛教的基本教义理论体系。显然不同于印度原产地的佛教,成了崭新的中国佛教,佛教与儒、道两教都讲忠孝等纲常名教。后来汇为三教合一思想。

藏传佛教也有类似情况,印度佛教与当地宗教(苯教)相协调,形成了藏传佛教,这里不详论。

(三)中国佛教的创造性

中国佛教有两千年历史,大致分为三个阶段。第一阶段为译述阶段,从初传入到南北朝,历时约五百年。这时期的重要代表人物是外国译经僧人。他们的任务是介绍佛教的基本内容。由于中华民族有相当高深的文化素养,即使在介绍中也有所创造。如佛教般若学,是佛教理论中的重要流派。中国学者也十分看重般若学,但他们有独特的看法,如“六家七宗”,即中国玄学的不同学派对佛教般若学的理解。“六家七宗”的出现,是中国佛教学者力图摆脱依傍,提出自己解释的成功尝试。

中国佛教第二阶段是创造发展阶段,历时约三百年。前一阶段的主要人物是外国僧人,这一阶段的创造发展者几乎都是中国僧人。隋唐以前介绍佛教典籍原著要借重外国僧人,隋唐以后,介绍翻译外国典籍比重减少,因为印度佛教的重要经典已基本有了汉译本①。中国人的汉文著作比重急剧增加。佛教传播中心已转移到中国。印度

① 有的佛教典籍有两种及多种译本以及编译本。

所有大小乘各种流派都可以在中国找到传承者。中国佛教离开佛教词句,注重发挥佛教的微言大义。有些发挥可以在印度佛教的某些经典中找到凭借而赋予新义;也有中国人著作脱离依傍完全阐发自己的理论体系。隋唐以来的几个大的宗派如天台宗、华严宗多有新创的理论体系。禅宗的理论在印度几乎找不到什么根据,他们自称"教外别传",得自佛祖的"心印"。南北朝中期以后,不断出现"伪经",这些"伪经",是当时时代思潮的反映,有很重要的思想史料价值,丰富了中国佛教内容,开创了佛教理论研究的新局面。从人类认识史、文化史的角度看,佛教史也等于中国文化史、中国思想史。

(四)中国佛教的会通性

中国佛教发展的第三阶段是儒、佛、道"三教合一"阶段,也可称为"佛教儒化"阶段。

佛教与中国传统宗教儒、道两教进一步结合,潜移默化,深入到中国文化的中枢部分。这一糅合过程,充实改造了儒教的世界观,把佛教长期发展的心性之学渗透到理学内部,在佛教心性之学的参与下,逐渐形成了中国的儒教。从此,佛教与儒教同命运,共兴衰,佛教得儒教而广,儒教得佛教而深。

三教合一,儒教居中,佛道两教为辅。从此中国的佛教与儒教同命运。学术界一致认为朱子(熹)近道、陆子(九渊)近禅,王守仁(阳明)近狂禅。事实上,没有佛教就没有儒教,以反佛教自命的宋明儒,没有不受佛教洗礼的,骨子里是佛教的嫡系传人。

以上四点都是中国佛教的特点。这些特点与多民族的统一大国有关,与中国传统的忠、孝、三纲学说有关,与中华民族善于熔铸外来文化的传统有关。

佛教传入中国经历了几千年的发展,积累了丰富的思想资料。这些资料,既是中华民族的精神财富,也是人类共同的财富。这些可贵的原始资料用"大藏经"的形式很完整地保存下来。

二

佛教经典初传入时,多凭传译者的记忆,口述原文,由译者笔录。这本来是印度传统教学方式。5 世纪时,法显到天竺寻求律藏写本,他见北天竺诸国皆师徒口传,无本可写。据《付法藏因缘传》:

> 阿难游行,至一竹林,闻有比丘诵法句偈:"若人生百岁,不见水老鹤,不如生一日,而得睹见之。"阿难语比丘,此非佛语,汝若听我演:"若人生百岁,不解生灭法,不如生一日,而得了解之。"尔时比丘即向其师说阿难语。师告之曰:"阿难老朽,言多错谬,不可信矣。汝但当如前而诵。"

这种口耳相传的教授法,一直延续到 20 世纪。抗日战争时期,我在昆明西南联大时,辅导一位印度留学生(中文名许鲁迦),他说:"印度农村,学生围绕教师环坐。教师念一句,接一句。学生一个接一个地接着念。都是向左边传着念,逐个念一遍,环绕一周,又传到老师耳边,老师可以知道学生是否念错了。"

中国发明造纸,传写方便得多,不像印度把典籍写在贝叶上那样艰难。中国印刷术未普及以前,造纸业已相当普及。现存手写佛教经卷,在敦煌千佛洞保存的唐以前的手写本,经编纂过二十余种经录，可以用《开元释教录》为代表。共入藏一千零七十六种，五千零四十八卷。千字文编次，由天字至英字四百八十帙。

北宋开宝年间开始有木版雕印的“佛教全集”——“大藏经”。在“大藏经”正式定名以前，没有统一的名称，最早晋道安时称“众经”，后来唐朝称“一切经”。宋代开始称“大藏经”。

宋以后，历代雕版“大藏经”共有十九种不同的版本，其中《开宝藏》《辽藏》散失殆尽，元代的《弘法藏》有目录，可能未刻印。现存的尚有十六种，其中国内版本十二种，国外版本四种。

（一）国内有：

1.《崇宁藏》 1080—1104年刻印。全五百八十函，千字文编号为天字至虢字号。共一千一百四十部，六千一百零八卷，国内已无全藏。

2.《毗卢藏》 1112—1151年刻印。全五百九十五函，千字文编号为天字至颇字号。共一千四百五十一部，六千一百三十二卷，国内已无全藏。

3.《圆觉藏》 1132年刻印。全五百四十八函，千字文编号为天字至合字号。共一千四百三十五部，五千四百八十卷，国内已无全藏。

4.《资福藏》 ？—1175年刻印。全五百九十九函，千字文编号为天字至最字号。共一千四百五十九部，五千九百四十卷，北京图书馆藏有五千三百余卷。

5.《赵城金藏》 1139—1173年刻印。全六百八十二帙，千字文编号天字至几字号。共一千六百部，现存五千六百余卷，现藏北京图书馆及民族文化宫。其中杂有明、清版本及抄补本(共二百卷)。

6.《碛砂藏》 约1225—1322年刻印。全五百九十一函,千字文编号为天字至烦字号。共一千五百三十二部,六千三百六十二卷,陕西及山西均存,略有残缺。1931—1933年,据陕西所藏本影印,五百部,缺佚者以《资福藏》、《普宁藏》、《永乐南藏》、陆道源本、亦里迷失本补,影印六十函,五百九十三册,仍缺失不全。

7.《普宁藏》 1277—1279年刻印。全五百五十八函,千字文编号为天字至感字号。共一千四百三十部,六千零四卷,后又有增补,共五百八十七函,近一千五百部,六千余卷。云南、山西、陕西均存。

8.《洪武南藏》 1372—1398年刻印。全六百七十八函,千字文编号为天字至鱼字号。共一千六百部,七千余卷,版片于1408年焚毁。印本仅存一部,略有残缺,杂有部分坊间刻本及抄补本,现藏四川图书馆。

9.《永乐南藏》 约1408—1419年刻印。全六百三十六函,共一千六百一十部,六千三百三十一卷,此书国内现存颇多,北京地区估计五部以上。

10.《永乐北藏》 1421—1440年刻印。全六百九十三函,千字文编号为天字至史字号。共一千六百六十二部,六千九百三十卷,此书保存全国各地多有,北京地区不下十部。

11.《径山藏》 又称《嘉兴藏》,1589—1678年刻印。正藏二百一十函,为《永乐北藏》的复刻本。《续藏》九十函,约三千八百卷,《又续藏》四十三函,约一千八百卷,总计三百四十八函,两千零九十部,一万两千六百余卷。北京、云南、浙江共约有八部。

12.《清藏》 1335—1738年刻印。共七百二十四函,千字文编号为天字至机字号。共一千六百六十九部,七千一百六十八卷。经版现存,并印刷发行。

（二）国外雕版本有四种：

1.《高丽藏》　共刻印过三次，前两次版焚毁，第三次刻于1256年，底本为北宋《开宝藏》本。全六百三十九函，千字文编号天字至洞字号，共一千六百二十四部，六百五十五卷。

2.《弘安藏》　日本最早雕印本。1287年造，现仅存少数印本。

3.《天海藏》　1637—1648年活字版。据元代《普宁藏》有所增减。六百六十五函，千字文编号天字至税字号，共一千四百五十三部，六千三百二十三卷。

4.《黄檗藏》　1669—1678年刻印，以《径山藏》为底本有所增补，七百三十四函，共一千六百一十八部，七千三百三十四卷。

以上为木刻本及活字本。铅字排印本汉文大藏经共6种（国内两种，国外四种）。

（三）国内排印本：

1.《频伽藏》　1909—1913，上海排印。四十函，千字文编号天字至霜字号。一千九百一十六部，八千四百一十六卷。

2.《普慧藏》　1943年编印，未完成，共印出一百册。

（四）国外排印本：

1.《弘教藏》　1880—1885年印，四十函，千字文编号天字至霜字号，四百一十八册，入经一千九百一十六部，八千五百三十八卷。

2.《卐字藏》　1902—1905年印，共三十七函，三百五十七册，共一千六百二十二部，六千九百九十卷。被焚毁，流传甚少。

3.《卐字续藏》　1905—1912年印。收入前未收录的入藏的佛教典籍。全一千六百五十九部，七千一百四十三卷，一百五十一函，七百五十一册，民初商务印书馆，影印五百部发行。

这是日本军国主义为在我国旅顺口纪念日俄战争阵亡将士、超度侵略军死者亡灵印行的佛经。这部书的出版缘起记载着日本侵略者的罪行，记录着中华民族被列强宰割的耻辱。日本侵略者如果真正相信佛教轮回转世之说，这些侵略者承受三毒业报，不得超生。

4.《大正藏》 1924—1934 年编印。共一百卷，是现在流行最广的一种汉文大藏经。因卷数浩大，编者人数杂，匆忙出书，错误很多。是学术界广泛采用而又普遍不满意的一种版本。

三

1982 年，国务院恢复古籍整理出版规划小组，在成立大会上，邀集国内专家、海外学者共同商讨整理古籍大计。这是由政府按计划、有组织地整理中国古籍，应当说是自清乾隆纂修《四库全书》二百年来最重要的一次。《四库全书》以儒家为正统，推行种族歧视政策，在纂修过程中，把大量典籍存目而不入选，还开列了一大批有违统治集团利益的“禁毁书”，不使流传。号称“全书”，其实并不全。当然，自从发明印刷术，又有今天的电子信息时代，出书条件十分便捷，书是永远编不全的。乾隆时期的《四库全书》则有意使它不全，这是不能原谅的。

古籍整理规划会议期间，我提出有必要编辑一套“佛教全书”《中华大藏经》。不同于过去，编者、主持者都是佛教文化的爱好者、研究者，而不是佛教信奉者，把“大藏经”看作古代典籍的宝贵遗产来整理。

现在国际通行的《大藏经》是日本出版的《大正藏》。《大正藏》

的错误很多，断句错误几乎每一页都不只一处。至于版本选取也不完善。我国30年代山西的赵城金藏相当于世上仅有的古宋本。《房山石经》也是50年代出土的世上唯一的石刻珍本。以上两种珍本，日本编辑《大正藏》时还没有见到。我们有条件也有能力编辑一套比过去都完整的《大藏经》，为建设社会主义新文化提供可信资料。

这一倡议，得到国务院古籍整理出版规划小组的批准，于1982年正式启动。

在开始编辑以前，我们先做了一次现存各种汉文佛经版本普查，走遍了国内外各大图书馆。

《赵城金藏》，刻于金熙宗天眷二年（1139）至金大定十三年（1173）。我们原来估计自"天"至"几"共六百八十二帙，每帙十卷，实数六千九百八十卷。

据题记：

> 昔潞州长子县崔进之女法珍，年一十三岁，断臂出家。发大誓愿，雕藏经版，垂三十年，方刻有成。大定十八年（1178）始印，藏进于朝。敕旨迎经于大圣安寺，建坛受具为比丘尼。仍赐钱千万，洎内阁施钱五百万起运经版。至二十一年至京师。其所进经版凡一十六万八千一百一十三面，为卷六千九百八十。敕命有司选通经沙门道遵等五人教正。二十三年赐法珍紫衣，敕号弘教大师。时永乐九年岁次辛卯仲秋吉杭州仙林讲寺祀殿谨题。

《赵城金藏》本来刻印于山西解州（今山西解县）的静林山天宁寺。正确定名应作"解州天宁寺金藏"。由于赵城县广圣寺首先发现印本,元世祖忽必烈中统年间(1160—1264)在燕京印刷后,散页运到赵城,由庞家经坊黏合装裱成卷,每卷首页加印释迦说法图一幅。因此名“赵城金藏”。

从印本保存的题跋看,应为山西省解州静林山天宁寺。雕版年月从经卷多处题跋看,应在金皇统九年(1149)到金世宗大定十三年(1173)。

据《永乐大典》辑出《析津志》赵沨撰碑记,刻经发起人为崔法珍。

每卷约七千至一万字,全部《赵城藏》约计六千万字。经卷为轴式装帧,每轴由若干版黏合成卷。行十四字,有上栏单线。版头刻经名、卷次、版次和千字文编号小字一行,为了粘卷时不致错乱。首次使用此种装轴式印版的大藏经为北宋初年的《开宝藏》。《赵城金藏》是依《开宝藏》为依据的覆刻本。部分经卷尚留有“开宝”“咸平”“天圣”“绍圣”等北宋年代雕造、印刷的题记。此外,还杂有少数其他版本。开宝本每版二十三行,行十四字。但咸平以后入藏的宋代新译经、律、论、疏释等也有每版十五至二十三行,每行字数十至十六字不等。

《金藏》雕印完成后,共计印刷过四十三部。现在保存下来的记载,有崔法珍本一部,普照寺照公本二部,兴国院本一部,天宁寺本一部,元宪宗蒙哥六年大宝积寺本一部,元世祖中统年间广胜寺本一部。元世祖后期,印送国外三十六部。

《金藏》共印行四十三部,流传下来的只有由不同版本集合而成的一部(广胜寺本八百一十三卷,大宝积寺本五百四十卷,兴国院本及天宁寺本各十余卷),共五千三百八十卷,比原来六千九百八十卷尚缺一千六百卷。这已经是世上仅存的卷帙最多的金藏佛经全集,也是稀世之珍。原存广胜下寺,1928 年移贮于广胜上寺。

1931 年冬,朱庆澜、叶恭绰等人发起影印宋元刊本《碛砂藏》,开始收集佛教古刊印本。1932年夏，僧人性空提供山西赵城广胜寺有大批卷轴装佛经。1932年秋，南京支那内学院专家根据《赵城金藏》零本，勘定为金元故物。为了考察清楚，派蒋唯心前往考察。经蒋唯心逐卷核实，写成《赵城金藏简目》并写成《金藏雕印始末考》，1934年发表于《国风》第5卷12期。次年南京支那内学院又自行刊印《赵城金藏》介绍。蒋文发表后，引起海内外学术界的普遍关注。1934—1935年间，由北京图书馆、三时学会（佛教团体）与影印宋版藏经会，共同选印其中四十六种二百四十九卷影印成集，名曰《宋藏遗珍》，还照原书影印过《楞严经》（十卷）四百部流传。现存底本已缺佚，这个影印本已成为珍本了。

1936年夏，我在北大哲学系，选了汤用彤先生的佛教著作选读。课余，汤先生问我照相技术如何，他想去山西广胜寺查阅《赵城金藏》，选些重要的拍照下来。因事，未能成行。第二年“七七事变”，日军侵华，学校南迁，汤先生在昆明度过了九年，未能去山西看到《赵城金藏》。

1937年，日本发动全面侵华战争。华北广大地区陷于敌手。1942年春季，日军对太岳地区发起“扫荡”，四月间，日军要抢夺藏在广胜寺这部闻名世界的“大藏经”。太岳司令员陈赓、政委薄一波、党委书记安子文等同志上报延安党中央，得到指示，同意抢救这一批重要文物①。4月27日夜，安排数百名战士及地方民兵配合，全力抢救

① 1986年年初，《中华大藏经》（汉文部分）出版1—15册后，李一氓同志给当年主持抢救《赵城金藏》仅存的负责人之一薄一波同志写了一封信：“一波同志：金朝所刻佛经，原藏赵城广胜寺，是极为珍贵的佛教典籍和历史文物。抗日战争时期，日寇企图掠夺。当时您和陈赓同志命令所属从敌伪碉堡丛立间奋勇抢运至安全地带。全国解放后，由中央人民政府拨交北京图书馆保存。嗣经北京图书馆用十七年时间精心整理，灿然恢复旧观。一九八二年，国务院古籍整理出版规划小组委托任继愈同志主持，即以《赵城金藏》为基础，编成《中华大藏经》，共约七千卷，将分装二百二十册，由中华书局影印出版，现已出十五册，特检送第一册，藉留纪念。一九八六年一月二十日。”

经卷。我们的战士抢运时，立下誓言“人在经卷在，与经卷共存亡”。因游击战行踪不定，为避免战斗中经卷损失，把它藏在废弃小煤窑里，指定专人保管，每年前往察看，晾晒一次。虽然尽力维护，还是有些压在下层的经卷受潮，有霉点，有的卷轴纸张与卷轴结成纸棒，难以打开。

抗战胜利后，《赵城金藏》移交当时北方大学保管，从矿坑搬到通风的阁楼上。范文澜任北方大学校长，对此十分重视。1949 年 4 月 30 日，把全部经卷由河北邯郸运到北京，移交北京图书馆收藏。北图为此召开一次座谈会。范文澜同志谈了此项珍贵文物抢救、保护的经过。北图版本专家赵万里、史学家向达、晁哲甫等专家要求北京图书馆提出修复预算，政府拨专款抢救。修复经卷不同于一般书画装裱，要求有高等技术，保持原物原貌。有的经卷凝成一团，要用蒸气熏蒸，然后一点一点揭开。集中北京琉璃厂手艺最高的老技师，花去整整十七年的功夫，终于使几百卷的《赵城金藏》重新与读者见面。现在参加修整的韩占魁等四位老师傅早已逝世。他们修整的《赵城金藏》成为他们劳绩的纪念碑。

《赵城金藏》重见天日，列为国家最珍贵的善本，不对一般学者开放，借阅者须经特别批准。图书本来是为读者阅读的，有书不能发挥其社会效益，未免美中不足。学术界特别是有志研究佛教文化思想的学术工作者，希望能把这份国宝变成更有活力的精神财富，世界级的宝库应对全人类有所贡献。

1982 年，国务院古籍整理出版规划小组决定成立“中华大藏经编辑局”，由我负责主持这一工作，重新编辑《中华大藏经》（汉文部分），旨在编辑出版一部迄今为止版本最精、搜罗最全、代表新中国科研水平的《中华大藏经》。

我们没有把佛经整理看作是宗教界少数佛教徒的事，而是看作中华民族共同的文化遗产之一。这正如中国文化界、学术界把敦煌莫高窟佛教艺术当作全民族的文化宝库而不把它仅仅看作佛教徒的宗教遗迹的道理一样。凡是有价值的文化遗产，理应为全人类所共同享有、共同关心、共同爱护、共同研究，而不能视为少数信奉者的私事。中国的佛教典籍内容浩繁，它不只是佛教的经典，既是佛书，也涉及哲学、历史、语言、文学、艺术、天文、历算、医药、建筑以及保健、气功等领域的包罗万象的古籍，对中国和世界文化都曾产生过深远的影响。

中国历代刊印佛教大藏经，都不外为国家祈福、为国君增寿、为刊印者祈求带来好运气。唯独《中华大藏经》（汉文部分）的编辑宗旨与过去不一样，它是作为中国古籍整理工作的一部分而上马的。编辑者是为了建设中华民族的新文化，才下决心彻底整理中国佛教的传统文化遗产。

为避免过去刊印的许多种大藏经的缺失，《中华大藏经》（汉文部分）力求做到版本要“精”、内容要“全”。编辑《中华大藏经》（汉文部分）共用了八种版本与《赵城金藏》对校①。《赵城金藏》30年代初被发现后，引起国内外学术界的重视。它是《开宝藏》的覆刻本，装帧、版式保留着《开宝藏》的基本特点。在《开宝藏》几乎散失殆尽的情况下，它不论在版本方面，或在校勘方面都有无可比拟的价值。在我国现存藏经中，未经传世的孤本还有《房山云居寺石经》《辽藏》《元官版藏经》《洪武南藏》《武林藏》和《万历藏》六种。这几种大藏经，除残缺严重者外，多为《碛砂藏》和《永乐南藏》的覆刻本，所收经

① 《高丽藏》《碛砂藏》《资福藏》《径山藏》《永乐南藏》《普宁藏》《房山石经》《清藏》。

籍少于《赵城金藏》,不宜作为底本使用。《赵城金藏》所收经籍近七千卷,现存五千三百八十余卷,虽有缺佚,可用《高丽藏》补入。《高丽藏》和《赵城金藏》同属《开宝藏》系统的覆刻本,版式完全一致,用《高丽藏》补《赵城金藏》可谓"天衣无缝"。

《中华大藏经》(汉文部分)以《赵城金藏》为底本,与上述八种版本的大藏经对勘,逐句校对,只刊出几种版本的文字异同,不加案断。我们采用这种办法,有以下几方面的原因:

校勘版本学界习惯于崇信古本,我们经过实际勘察,发现任何版本都不是十全十美,都有不足之处。善本中(包括《赵城金藏》在内)各有优缺点,因此,我们要求集诸版本之长,不主张"定于一尊"。

《赵城金藏》以外的八种版本都有其特点,有的属于海内珍本,有的是世界孤本,都可称为善本。众多善本不但专家学者个人无力备留,即使国家大图书馆也不能八种善本俱备。我们借这次编辑整理《中华大藏经》(汉文部分)的机会,集诸善本于一编。有了这一部《中华大藏经》等于同时拥有九种版本的大藏,为庋藏者和使用者、研究者提供了方便。

我们校勘的目的,不在于勘误而在于会同。经过检查,这些不同版本出现的文句异同,多半不涉及义理,往往各有道理(当然也有明显错误的),如果一定由编辑者决定取舍,难免失之武断,徒耗人力,并不科学。还应指出,每一种善本的特殊价值并不是由于它的至美至善,而在于它体现了各自时代的某些特征,这些特征是别的版本不能取代的。如《房山云居寺石经》可谓善本,其中有些石刻佛经体现了《辽藏》的面貌,但其中也有刻工贪图省工,出现许多上下文不相连属的"一"字。从一般校勘原理看与字形、字音、字义或上下的错简毫无关系,只是由于刻工按版计酬,为了省力,又能占满版面,才出现了许多不应出现的“一”字，汉字中只有“一”字笔画最少，刻起来又省力，用来充字数最方便。像这类缺点，并不能动摇《房山云居寺石经》的历史地位，瑕不掩瑜。这里只是说明中国过去雕印的众多版本的大藏经，没有一种是尽善尽美的。《中华大藏经》（汉文部分）的出版，博取众本之长，避免众本之短，会同诸本合校，标出异同，不下案断，正是极端负责的客观精神。

《中华大藏经》（汉文部分）编定《赵城金藏》为底本的上编以后，还将编辑过去未入藏的许多佛教典籍为下编。为此，我们一开始就从最大数量的手写卷子本中进行了普查。敦煌卷子写本中佛经所占比重极大，比世俗的经史文书多得多。半个世纪以来，敦煌学者集中注意于搜求写本中关于社会、经济、民族文化等方面的资料，研究者利用的多为世俗文书，而对其中占绝大多数的佛教典籍注意得不够。手写卷子一则数量大，二则内容专业性比较强，其中断裂的，残缺的，要找到它的归属；有的卷子分裂成几段，有的上段在某国，下段在另一国，也有的头尾不全，不易判断归类，这都是很艰巨而又必须做的工作。我们几年来已经一篇一篇地逐件审查，现已初步有了眉目，确实可以从中找出应当收入大藏经的佛教典籍。我们还可以从佛教手写卷子中推断出佛教在河西走廊传播的基本状况和唐代佛教经典大体流行的状况。我们在编辑中务期不发生遗漏，使《中华大藏经》上下编完成后，成为名副其实的“佛教全书”，成为超过前人的最完备的版本。

为了使我们的编辑工作做到心中有数，我们花了两年的时间，在国内外开展了一次版本普查。国内走遍九州，并远及海外。

《中华大藏经》体现了中华民族对外来文化的高度融化吸收能力。华人著述在《中华大藏经》中所占比例越到后期越大。汉传佛教如此，藏传佛教也有同样现象①，如宗喀巴的著作在原有的佛教理论基础上有所建树，有所创造，不但丰富了佛教文献，也丰富了中华民族的文化宝库。以上只是举几个例子说明《中华大藏经》汉传藏传可以互补，相得益彰。

人们习惯认为，佛教来自古印度。从地下挖掘资料和文献记载来看，中国的佛教最初来源不在印度，而在中亚（古称西域）。新疆地下发掘文物中，有不少残存佛经，文字也多为当地语文。晋朝名僧、翻译家道安指出"译胡为秦"的种种困难。胡语不等于梵语，当时译经僧人都明白这一点。他们多自西域来华，用口诵记忆来提供译文，后来中印交通条件有所改善，才有较多的梵夹携来，供中国僧人笔译。

当我们今天看到以《赵城金藏》为底本，编辑成《中华大藏经》（汉文部分）上编一百零六册全部出版之际，我们自然想到当初支持这部重要文献编辑工作的李一氓同志。他前半生从事革命军旅生涯，新中国成立后，从事外交工作。他晚年承担了古籍出版规划工作，这是一项为子孙后代建立基业的大事。如果不是李一氓同志的远见卓识，大力支持，这部《中华大藏经》也许要拖延到21世纪才能启动。到那时，物质条件会比现在好，但人力条件将更困难。这部佛教资料总集早一天问世，就能早一天对社会产生效益。《中华大藏经》在历代大藏经中增加了一个新版本，丰富了佛教文献资料宝库。

---

① 佛教文化不限于汉族。佛教大藏经除了汉文部分已开始工作了六年，藏文部分也由藏学研究中心负责着手编辑。这也是《中华大藏经》，由于中华民族包括多种民族成分，不同文种的大藏经将会给中华民族的文化建设带来新的繁荣昌盛新局面。比如佛教汉译本中，有关因明的部分比较薄弱，而藏文大藏经则保留较多，因明在藏传佛教中有所发展。将来随着研究工作的开展，汉藏两种大藏经得以互相补充，必将使中国的因明研究有所突破。

四

我考入北大哲学系时，北大哲学系的教授们专重讲佛教哲学的比较多。高年级同学向我介绍，熊十力先生讲《新唯识论》，马叙伦先生用佛教唯识宗的观点讲《庄子》。汤用彤先生讲佛教课，也讲佛教以外原著选读如《金七十论》《胜论》《入阿毗达磨论》，从最基本处打开了阅读佛教典籍的大门。后来又选修熊十力先生《佛家名词浅释》（此书正式出版时改称《佛家名相通释》）。他以古代《百法明门论》《五蕴论》为基础，用他自己的语言加以发挥。他的发挥虽不尽符合佛教原旨，但这个基本训练对我后来自学佛教典籍打下了基础。选修课有周叔迦先生讲“天台宗”，林宰平先生讲“中国哲学问题”，也经常涉及佛教问题。外系周作人讲散文，选的有《杂譬喻经》。周讲课口才欠佳，但佛经文学颇能引发学生兴趣。特别是古代汉译佛经的一些习惯用语，既非印度的，又不同于中国传统的古汉语，而是一种独特的佛经汉译文体。

大学毕业时正当抗战开始，我的毕业论文是关于朱熹的哲学。朱熹的哲学用大力批判二氏（佛、老）。他反对二氏，却处处透露出他身上二氏的影子。我开始注意到，要研究中国的理学，必须上溯其源头。在读研究生时，即有意关注宋以前的社会思潮。宋以前，五代上溯到南北朝，首先碰到的是佛教。佛教思想成了打通中国哲学发展的一道隘口。隘口不打通，中国哲学史就通不下去。我的研究生论文为《理学探源》，重点放在魏晋、隋唐这一段。这也许是我与佛教文化若干年前的一段因缘吧。

国家委托整理、编辑《中华大藏经》,我虽知困难大,人手不足,但还是勇敢地承担下来了。

照我国当时的惯例,要经过报告上级、要编制、要分配大学生、成立机构等一系列的程序。我们没有走这一条路,而是采用现在正在推行的人才聘任制,人才公开招聘,试用上岗,一年一聘。这样,我们根据工作需要、任务的难易缓急,在北京招聘离退休的中学教师和机关干部。这些应聘者都是愿意干这一行的,有责任心。人员少的时候,只有五六个人。开始打基础,定规模,我和几位研究生、世界宗教研究所佛教研究室的少数骨干参加。后来,工作开展起来,聘用人员多达五六十、六七十。其中老年人有七八十岁的,青年人有二十来岁的。文化程度较高的,从事校勘;青年人眼明手快,从事照片修整。制订了作业流程,流水作业。上下工序交接时要签字,责任分明。每年按成绩评奖。春秋季节,组织旅游。十年来,这个工作集体总人数约二三百人,人员不断更新。编辑工作结束时,大家依依不舍,十分留恋这个松散的集体。

面临21世纪,是摆脱贫困、走向富强的时期,是进一步推动祖国现代化的时期。每一个爱国的知识分子,都要给自己的专业定位,看看自己应当做什么,能做什么。从文化建设、精神文明建设这个任务来看,我们这一代人正处在为文化、精神文明建设积累资料、整理资料的时期。社会主义文化高潮必将到来,那是21世纪后半段的事。因为文化工作、精神文明建设只能走在经济建设的后面,而不可能超前。这是古今中外的通例。

真正反映社会主义新文化的辉煌成果,传世的伟大思想体系的出现,要有三个条件,缺一不可:

第一,有经济繁荣、社会安定的环境;

第二，有充足的资料（中、外、古、今）积累；

第三，有卓越的思想家群体。

以上三个条件，第一、二两条正在发展前进中。当一、二两条形成规模后，才有可能产生卓越的思想家群体。我们这一代知识分子，自己给自己定的任务是做文化资料积累工作，培养青年人，为后来人做些必要的准备工作。

自知无经天纬地之才，尽个人有限能力，做成一两件事，免得让后人再行返工，问心无愧就算不错了。

李一氓同志与《中华大藏经》(汉文部分)[①]

李一氓同志是革命老前辈,名字我早已熟知,工作上的接触是在1964年年初。那时胡愈之同志为团长(中尼文化友好代表团),去尼泊尔王国访问,我是成员之一。临行前,一氓同志约我们全体团员见了一面。谈话中,他叮嘱代表团到尼泊尔遇到有关佛教的重要资料可以买一点,钱不够,由使馆解决。当时他在国务院分工主管外事工作,除了注意政治、经济,还关心文化,给我留下了深刻的印象。这次去尼泊尔加德满都,逛书店,买了一部意大利藏学专家杜齐(Tucci)的三本书,这部书在欧洲已不易买到,现在该书充实了我们世界宗教研究所的图书馆。

"文化大革命"初期,有时在广安门中医研究院针灸科看病时遇到,都在困境,都在患病,打过招呼,未多谈。

游黄山始信峰,有一块二尺见方的石刻,是李一氓同志的作品。我对一氓同志的革命经历、文学修养又加深了一层认识。

1977年以后,我从北京大学搬到三里河南沙沟宿舍,与中央档案馆曾三同志经常过从,曾三同志谈到他与一氓同志在下放时的生活片断,我对一氓同志的严肃认真的作风又多了一分了解。

1981年,国务院恢复古籍整理出版规划小组,李一氓同志主持这

---

① 原载《古籍整理出版情况简报》1991年第1期,总238期。收入《李一氓纪念文集》,中华书局,2002年版。

项工作。我与哲学组的几位同志应邀参加了这次会议。会议期间,我提出了整理、编辑《中华大藏经》汉文部分的计划。这次会议使人感到振奋、鼓舞。制订计划,不是修修补补,零敲碎打,而是有计划、按学科门类、有系统地进行整理。李一氓在会上正式提出,整理古籍,不限于传统的经史子集,佛藏、道书也是中国古籍,也要一并考虑。像他这样高瞻远瞩的见解与气魄,比清朝《四库全书》的编纂者的见解不知要高出多少倍。《四库全书》把佛、道二教典籍摒斥于传统文化圈以外,只在"子部"门类占了很小一部分。《四库全书》轻视佛、道二教的编辑原则并非首创,《隋书》载王俭的《七志》以道佛附见,合为七门。阮孝绪《七录》以佛录第六、道录第七。《隋志》则于四部之末附载道经、佛经总数,《唐志》以下,有经目而不详。这说明儒家传统观念,怀有门户偏见,认为佛、道典籍价值不大。

只有无产阶级具有宏大开阔的胸怀、不带有门户偏见,以继承全人类文化为己任。凡是有价值的文化遗产,都要重视、研究、吸收。佛、儒、道三家在中国都有千年以上的历史,释迦牟尼、孔子、老子并称"三圣",佛教、道教的影响已深入到千家万户,渗透到中华民族的家庭生活、社会生活、文化生活各个方面。研究中国文化,只看到儒家的经史子集,而看不到佛藏、道书就不全面。

李一氓主持的古籍整理工作,给佛教典籍的整理工作以充分重视,体现了党的文化方针的正确。佛教典籍数量相当多,初步检查,佛书约有两千四百余种,两万三千卷以上,数量约当《四库全书》的四分之一。

会议期间,我把酝酿了多年、整理一部新编大藏经的计划写了出来,交给了大会。我根据现在世界通行的大藏经的情况,认真地考虑,觉得它们有严重缺点,编排有缺点,收录也不完备。像日本大正大藏经出版时，尚未发现山西《赵城金藏》，《房山石经》也未发现。我们新编的大藏经，要做到第一收集齐全，不使遗漏；第二要做到版本精善。我们以《赵城金藏》为底本，再以《房山石经》、《崇宁藏》、《资福藏》、影宋《碛砂藏》、《永乐南藏》、《径山藏》、《清藏》、《高丽藏》八种版本会校。《赵城金藏》与《房山石经》都是稀世珍本，从未向世界全部公开过。这八种会校本大体上反映了从隋唐到清朝一千多年间我国大藏经的面貌。《赵城金藏》为底本的价值在于它是北宋《开宝藏》的覆刻本，每版二十三行，每行十四字。在《开宝藏》散失殆尽的情况下，《赵城金藏》在校勘和版本方面都具有无比优越性。我国现存的众多大藏经中，未经传世的还有《房山石经》《辽藏》《元官版藏经》《洪武南藏》《武林藏》和《万历藏》六种。其中所收典籍均少于《赵城金藏》(《赵城金藏》近七千卷，现存有五千八百余卷)。《赵城金藏》有缺佚，可用《高丽藏》补足，这两种大藏经同是《开宝藏》体系的覆刻本，版式相同。有了一部《中华大藏经》(汉文部分)，等于同时拥有八种善本的大藏经。八种大藏经汇集于一编，这是过去任何公私藏书家都办不到的。

像这样一项浩大工程，整理、普查全部佛藏资料、全部典籍，如果编辑完成后，所收典籍当在二万卷以上。这项工作不但在中国，而且在世界文化史上，也是一项壮举。它反映了中华人民共和国整理古籍的新水平。

历代的大藏经的编辑，都是为皇帝祈福，为编辑者造功德。《中华大藏经》(汉文部分)第一次提出保存民族文化遗产，为科学研究提供有价值的资料，为佛教界提供完备的经典以供讽诵、供养。

古籍整理会议结束时，李一氓同志明确表示，支持《中华大藏经》(汉文部分)的上马。还笑笑说："我是禅宗的顿派"，表示要做的事，就不要拖拉。

照正常程序,开办一项较大的工程要向国家要编制,要建筑面积,要设备。我们也采取了一氓同志所说的"禅宗顿派"的作风,没有等待条件齐备了再动手工作,我们只抽调了当时世界宗教研究所佛教研究室的两三位同志,加上几个研究生,租了两间房子就工作起来。人手不足,我们从中学离退休的教师中选聘了一批热心文化又有古文字修养的,参加版本校对工作。1982 年列入国家整理古籍的项目以后,1984 年就出版了第一批大藏经,共五册。《中华大藏经》(汉文部分)从列入国家计划到出书,李一氓同志都付出了极大的精力。这样一部大书,编辑在北京,印刷、装订在上海,哪一个环节出了故障都不行。开始的两三年,工作还没有完全走上轨道,一氓同志每到一定时期,召集编辑、出版有关人员开一次会,交流情况,排除困难,协调步骤,保证了工作正常运行。一氓同志生前最后的两三年,心脏病常发作,召集大家开会的时间少了,有关大藏经的事找到他,他总是热心支持,能解决的当时解决。这部书的定计划、出版、装帧设计、题签,甚至纸张印刷,平装、精装,大大小小的事,都有一氓同志的心血。

我们原来计划这部书十年之内完成,这是按一切都顺利进行的估计;做起来往往有一些意想不到的情况。一氓同志生前只看到《大藏经》的三十七册,没有看到全书出齐,这应当是一氓同志一桩未了的心愿。最近一年多,一氓同志的健康一直没有得到恢复,时好时坏,经常住院。《大藏经》的事他还是挂在心上。他给我的一封短信中说:"四月底以后,复为心脏病纠缠,精神不佳。我意以专力完成《大藏经》的正编及其目录,此项工程已算了不起。如能完成,当可告无罪于天下。至于续编及近代检索装备,只能留及后人。"这是他对

《大藏经》最后的关怀。病中已不能动手写字，信是别人代笔，由他签名的。

整理《大藏经》是李一氓同志主持古籍整理工作的一部分，古籍整理只占他一生中晚年生活的一部分。一氓同志是一位坚定的革命家，从我和他的接触中，他更关心的是中国的前途、世风、学风、党风，更关心的是马克思主义哲学的前景和发展方向。他看到有些共产党人热心尊孔却不大热心学习马克思主义哲学，深感忧愤。孔子诞辰闹得鼓乐喧天，马克思诞辰过得平平淡淡。他认为这是一种颠倒。一氓同志有一次问我，有没有学哲学的朋友可以给他介绍一两位。我想，要找一两位能和一氓同志谈谈哲学的人，要有学识、有人品，仓率间难以提得出，要仔细考虑考虑才行。这件事常记在心上，一直没办，今天想起来，又是一件极大的憾事。

中华民族的传统文化向上追溯可以回到春秋战国，再向上可以追溯到公元前二三十世纪。中华民族的向未来瞻望，可以瞻望到共产主义社会。马克思主义为骨干的新文化离不开古老的传统文化，两者不能割断。新旧文化如何衔接，衔接得自然、融洽，我从一氓同志的品格中得到启发，受到教育。

《中华大藏经总目》序[①]

1982年，在北京召开了规模空前的全国古籍整理出版规划会议，集中全国有关专家学者共商古籍整理出版大计。会议在京西宾馆一连开了好几天。这是以国家名义召开的，向全国、全世界宣布“四人帮”被粉碎后，告别极“左”思潮，中国政府重视古代文化，有计划、有步骤地以科学方法清理中国古籍的大会。与会者进一步加深了印象：我国古籍之丰富、学科门类之广泛齐全，为世界所仅见，是世界文化宝库中不可或缺的重要组成部分。

古籍规划讨论中，对流传在社会上的经史子集都做出近期、远期的整理出版规划，人力物力都做了安排。在开会期间，我发现大会议题没有把佛教大藏经考虑进去，便于当天写了一份《中华大藏经》整理出版建议提交给大会。大会认为整理、研究佛教典籍，不只是佛教信奉者们的事，也是全国人民共同的文化事业；况且佛教、道教典籍卷帙浩繁，亟待整理，便立刻采纳了这个建议，把佛教、道教古籍整理工作列入国家规划。《中华大藏经》整理出版工程于1982年正式启动。

大会委托我负全责。我会同几个学生，先做普查版本的基础工作。最初只有五个人，随着工作的开展，人员逐步增加。对外联系原来叫作编辑小组，李一氓同志说，叫作“组”，名称与实际不相符，叫作

---

① 据《皓首学术随笔》，中华书局，2006年版。《中华大藏经总目》，中华书局，2004年1月出版。

“编辑局”为好。这个“局”并不是一个行政实体，只是个“假名”，十几年来连个公章也未刻。因当时我担任世界宗教研究所所长，所以国家划拨经费、财务收支均由世界宗教研究所财会人员代管，中华书局负责印刷、出版。1987 年，我调到北京图书馆（现称国家图书馆），这个“编辑局”的工作地点又集中到北京图书馆，直到全书完成。

有了国家财力的支援，要编出一部既能满足佛教信奉者供奉咏诵的需要，又要供全国各界人士用来阅读、研究的可信的文献资料，就要超越古人以某学派、宗派为尊的宗派成见，要尽力避免已出版的十几种大藏经的印刷造成的差错，还要吸取过去已有佛教大藏经的特点，不抱成见，亦不盲目崇古，使其成为一部符合时代要求、反映时代面貌的佛教全书。在编书之前，我们先在国内外进行普查，了解大藏经在国内外现存的状况及版本情况。还通过海外各界友好人士，及我国出国访问、进修学者，了解佛经流散在海外的情况。经过普查，并对照各主要版本进行比较，从第一部雕版大藏经《开宝藏》开始，直到清代的大藏经及民国以后铅字排印的大藏经（包括世俗典籍经、史、子、集）。我们认为所谓善本的“善”，并不在于它的完美无缺，而在于它反映了该书的时代特点。世上没有尽善尽美的“善本”。从雕版佛经开始，至今已有千年历史，选任何一种为主，都不能代表佛教在中国的真实面貌。经过反复比较，最后选定山西《赵城金藏》为基础（原称为底本，后认为不太准确），与另外八种不同时代的大藏经逐字逐句对勘，发现文字歧异时，只指出它们的异同，而不判断其是非。这样，一编在手，等于同时拥有九种大藏经呈现在读者面前。这是历代汉文大藏经众多版本中最具时代特色的一种新版本。全体编辑者相信，我们为保存祖国文化遗产，为推进新时代文化建设尽了一份心力。

一、现存汉传大藏经概况

根据现有资料，汉传大藏经大约有下述三种情况：

（一）唐代以前的写本藏经。唐写本藏经虽然在不同的历史时期曾有过不同的形态，所收经籍数目也不一致，基本上可用"会昌废佛"后通行全国的《开元释教录》作代表，共入藏一千零七十六部，五千零四十八卷，千字文编次由"天"字至"英"字四百八十帙。

（二）宋代以后的木版雕印本，根据现在掌握的资料，共有二十种不同版本。其中散失殆尽，基本不存者四种——《开宝藏》、大字本《辽藏》、小字本《辽藏》、《元代官刻大藏经》。现存的十六种中，国内版本十二种，国外版本四种。其中国内版本为：

1.《崇宁藏》　1080—1104 年刻造，全藏五百八十函，千字文编次天字至号字，入经一千一百四十部，六千一百零八卷。国内存有零本。

2.《毗卢藏》　1112—1151 年刻造，全藏五百九十五函，千字文编次天字至颇字，入经一千四百五十一部，六千一百三十二卷。国内存有零本。

3.《思溪藏》　又称《圆觉藏》，北宋末年刻造，1132 年完成，全藏五百四十八函，千字文编次天字至合字，入经一千四百三十五部，五千四百八十卷。其后照原版式扩充补雕，全藏达五百九十九函，千字文编次天字至最字，入经一千四百五十九部，五千九百四十卷，改称《资福藏》。国家图书馆藏五千三百余卷，其中杂有若干《碛砂藏》本及日本抄补本。

4.《赵城藏》 1149—1173年刻造，全藏六百八十二帙，千字文编次天字至几字，入经一千六百余部，共六千九百八十卷，现存五千六百余卷。国家图书馆及西藏萨迦北寺藏，但其中杂有明代万历二十年（1592）及清代雍正九至十一年（1731—1732）根据明永乐南藏本抄补的二百余卷在内。

5.《碛砂藏》 约在1225—1322年刻造，全藏五百九十一函，千字文编次天字至烦字，入经一千五百三十二部，六千三百六十二卷。陕西、山西及国家图书馆均有存，但都略有残缺。1931—1933年时，曾据陕西所藏本影印过五百部，缺逸者以资福、普宁、永乐南藏及陆道源本、亦黑迷失本等补入。影印本共六十函，五百九十三册（经文五十九函五百九十一册，目录一函二册），约较原大缩小二分之一；但仍缺十余卷。近年来，《碛砂藏》缺逸的经卷又有所发现。

6.《普宁藏》 1277—1279年刻造，全藏五百五十八函，千字文编次天字至感字，入经一千四百三十部，六千零四卷，此后又补入约字函七部六卷，加上武字至遵字号遗失目录的秘密部经轨二十八函，共五百八十七函，近一千五百部，六千余卷。云南、山西、江苏等省均有存。

7.《洪武南藏》 1372—1398年刻造，全藏六百七十八函，千字文编次天字至鱼字，入经一千六百部，七千余卷。此藏在1408年版片被焚，印本仅存一部，略有残缺，并杂有部分坊刻本及抄补本在内。现藏四川。

8.《永乐南藏》 约1408—1419年刻造，全藏六百三十六函，入经一千六百一十部，六千三百三十一卷。全国现存者很多，仅北京地区估计即在五部以上。

9.《永乐北藏》 1421—1440年刻造，全藏六百九十三函，千字文编次天字至史字,入经一千六百六十二部,六千九百三十卷。全国各图书馆、佛教寺院现存者较多,北京地区估计在十部以上。

10.《径山藏》 又称《嘉兴藏》,1589—1676年刻造,全藏分为“正藏”二百一十函,用千字文编次,系永乐北藏的复刻本;“续藏”九十函,收入藏外典籍二百四十八种,约三千八百卷;“又续藏”四十三函,续收藏外典籍三千八百种,约一千八百卷,总计为三百四十三函,二千零九十部,一万二千六百余卷。北京、云南、浙江存有全藏近八部。

11.《清藏》 1735—1738年刻造,全藏七百二十四函,千字文编次天字至机字,入经一千六百六十九部,七千一百六十八卷。经版现存,全藏印本所存者亦多,1935年还印刷过二十二部,北京地区大约有五至十部。近年曾修复重印。

12.《毗陵藏》 20世纪初由江苏常州天宁寺配合金陵刻经处刻造,依据《清藏》重刻,但版式改为方册本。收经数目亦较《清藏》有所增加。

国外雕版本为:

1.《高丽藏》 共刻造过二次,初刻本传世稀少,版片被焚毁;再刻本系1236—1251年刻造,版片现存。全藏六百三十九函,千字文编次天字至洞字,入经一千六百二十四部,六千五百五十八卷。

2.《天海藏》 1637—1648年刻造的活字版,据元代《普宁藏》而有所增减。全藏六百六十五函,千字文编次天字至税字,入经一千四百五十三部,六千三百二十三卷。

3.《黄檗藏》 1669—1678年刻造,系以《嘉兴藏》正藏为底本而有所增补。全藏七百三十四函,入经一千六百一十八部,七千三百三十四卷。版片现存。

（三）汉文大藏经的排印版本，共有六种，国内二种，国外四种。

国内版本：

1.《频伽藏》 1909—1913 年排印，全藏四十函，千字文编次天字至霜字，入经一千九百一十六部，八千四百一十六卷，四百一十四册（目录一册）。是以日本《弘教藏》为底本而略有变动。

2.《普慧藏》 1943 年编印未完的一部汉文大藏经，原计划以汇集南传北传诸经论，校正前代印本之漏误，改订翻译名义之异同，广事搜集各藏以前之遗佚为目的；经过数年经营，只印出一百册，内容有其他各藏未曾收入的部分经、论、疏释及日译本转译的南传入藏经中部分典籍。这是一部未曾编纂完毕的大藏经，发行面不广。印出的存书在 20 世纪六七十年代被毁弃。近年有重印。

国外排印本：

1.《弘教藏》 1880—1885 年编印，全藏四十函，千字文编次天字至霜字，共四百一十八册，入经一千九百一十六部，八千五百三十八卷。

2.《卍字藏》 1902—1905 年编印，据《黄檗藏》校排，共三十七函（目录及索引各一函），三百五十七册，入经一千六百二十二部，六千九百九十卷。印就后不久，即失火被焚，流传甚少。

3.《卍续藏》 1905—1912 年编印，为《卍字藏》的续编，内容系广泛收罗中国及日本所存历代未曾入藏的佛教典籍汇编成书，曾受到金陵刻经处杨仁山及国内各大寺院和其他佛教居士们的大力支援。全藏入经一千六百五十九部，七千一百四十三卷，共一百五十一函，七百五十一册（目录一函一册）。印就之后，存书和《卍字藏》所存者一同被焚。民国初年商务印书馆曾影印过五百部发行。其后日本编辑重排为《新纂卍续藏》。

4.《大正藏》 1924—1934 年编印。全藏共一百册,正藏五十五册,续藏三十册,别卷十五册(图像十二册,总目录三册)。正藏入经两千两百三十六部,九千零六卷,除传统入藏诸经、律、论、法之外,包括部分遗佚经论在内,续藏第五十六至八十四册,为日本佛教徒有关经疏、论疏及各宗派的著述;第八十五册收入南北朝及唐代古逸经和疑伪经及疏释等一百八十九种。

综观以上三种情况,历来入藏的基本经籍最少为一千种(包括《房山石经》的九百六十余种在内),最多者为两千两百余种,平均数约在一千六百种左右。这是宋元明清各藏入经的基本数目。加上各藏特有的经籍,计《房山石经》约七十余种,《嘉兴藏》五百余种,《频伽藏》三百余种,《大正藏》六百余种(包括第八十五册的古逸疑伪诸经在内),《续藏》一千六百余种,其他各藏特有的少数经卷等,共约三千余种。除去重复,约两千五百种。加上传统入藏的基本数目一千六百余种,现存汉文佛教经籍总数约四千一百余种(《二十二种大藏经通检》总数为四千一百七十五种)。

佛教是中国传统文化中与儒、道并尊的三大宗教的一个重要流派。我们有必要编纂一部新的大藏经,所收佛典理应概括全面。采用影印办法,既可避免排字造成新的差错(日本《大正藏》即是前车之鉴),又可以保存善本古籍原貌;省去了繁重的排字校对的过程,还能大大缩短印刷时间。基于上述考虑,我们决定采用现存最有文物价值的《赵城金藏》为基础,所缺佚者以《高丽藏》等历代藏经补入。

二、关于《赵城金藏》的刻印和流传

《赵城金藏》是我国金代(1115—1234)民间募资雕刻的佛藏。

全书采用千字文编号次序，自“天”字起至“几”字止。计六百八十二帙，每帙基本为十卷，或略有增减。全藏计六千九百八十卷。卷轴装帧，每轴由若干版粘合成卷。绝大部分版式为每版刻二十三行，行十四字，有上下栏单线。版头刻经名、卷次、版次和千字文编号小字一行，遵循我国第一部木版雕印《开宝大藏经》的模式。部分经卷尚留有“开宝”“咸平”“天圣”“绍圣”等北宋年代的题记等，也还杂有少数其他版本的痕迹。也有少数卷帙改为每行十五字、十六字的。与山西应县木塔中发现的十二卷《辽藏》相较，有一致处，或为《辽藏》版本的覆刻。

《赵城金藏》不仅保留了散失殆尽的《开宝藏》和《辽藏》覆刻的原貌，还有少数卷帙为辽代坊刻本，为研究木刻雕版提供了可贵的参考资料。

《赵城金藏》的刻造地并不在山西赵城，而是在山西的解州（今晋南地区解县）西十公里的静林山天宁寺。这部大藏的全名应叫作《解州金藏》更符合实际。由于这部金藏首先在赵城被发现，又由于元世祖忽必烈中统年间（1260—1264）在燕京印成后，将散页运到赵城，由庞家经坊黏合装裱成卷，并在每卷加上广胜寺刊印的“释迦说法图”一幅，因此命名为《赵城金藏》，沿用至今，也算事出有因。

这样一部在佛教大藏经中卷帙很多的藏经绝非一朝一夕可以完成，从经尾题跋中可以见到最早为金熙宗完颜亶皇统九年（1149 年，相当于南宋高宗赵构绍兴十九年），最迟为金世宗完颜雍大定十三年（1173 年，相当于南宋孝宗乾道九年）。还在经卷题记中发现有海陵王完颜亮天德三年（1151 年，相当于南宋高宗绍兴二十一年），贞元元年、三年，正隆二年、三年等年号。但未发现刻经人的姓名。《金史纪事本末》卷三十，李有棠引旧文及《日下旧闻考》卷一百五十五存疑引《析津志》弘法寺条有“大定十八年(1178)潞州崔进女法珍,印经一藏进于朝,命圣安寺设坛为法珍受戒为比丘尼。二十三年(1183)赐紫衣为弘教大师,明昌四年(1193,相当于南宋光宗赵惇绍熙四年)立碑石,秘书丞兼翰林修撰赵沨记,翰林侍讲学士党怀英篆额”。《永乐大典》卷四千六百五十记载:“弘法在旧城。金大定十八年(1178)潞州崔进女法珍印经一藏进于朝。命圣安寺设坛为法珍受戒为比丘尼。二十一年(1181)以经版达于京师。二十三年(1183)赐紫衣为弘教大师,以弘法寺收贮经版及弘法寺两地与之。明昌四年(1193)立碑石,秘书丞兼翰林侍讲学士党怀英篆额。”赵沨碑已不存,但碑文仍在。1992年,中国国家图书馆研究员李际宁整理《碛砂藏》时,发现鲍善恢补刊经版卷尾的“题记”中有《敕赐弘教大师雕藏经版院记》:

潞州长子县崔进之女,名法珍,自幼好道,年十三岁断臂出家。尝发誓愿雕造藏经,垂三十年,方克有成。大定十有八年(1178),始印经一藏,进于朝。奉敕旨,令左右街十大寺僧,香花迎经,于大圣安寺安置。既而宣法珍,见于宫中尼寺,赐坐设斋。法珍奏言:“臣所印藏经,已蒙圣恩安置名刹,所造经板亦愿上进,庶得流布圣教,仰报国恩。”奉诏许之,乃命圣安寺为法珍建坛,落发受具,为比丘尼。仍赐钱千万,洎内合,赐五百万,起运经板。至二十一年(1181)进到京师。其所进经板凡一十六万八千一百一十三,计陆千九百八十为卷。上命有司选通经沙门导遵等五人校正。至二十三年(1183),赐法珍紫衣,号弘教大师。其导遵等亦赐紫衣德号。其同心协力雕经版杨惠温等七十二人,并给戒牒，许礼弘教大师为师。仍置经板于大昊天寺，遂流通焉。韪哉！眷遇之隆，古未有也。（中略）今弘教大师备修苦行，以刊镂藏板为本愿。于是协力助缘刘法善等五十余人，（中略）助修经板胜事，始终三十年之久方得成就。呜呼，可为难也哉！（后略）

赵沨碑亡于明中期，此碑文不期于明初鲍善恢的《碛砂藏》题记中发现。《日下旧闻考》《金史纪事本末》《析津志》《永乐大典·顺天府》等书均以赵沨碑为基础，辗转引述。此前，蒋唯心、童玮均对《赵城金藏》进行了有益的介绍。

金藏雕版完成后，印刷传布情况未见记载。见诸文字的，有大定十八年（1178）崔法珍一部，大定二十九年（1189）普昭寺昭公本二部，金大安元年（1209）兴国院本一部，天宁寺本一部（年代不详），元宪宗蒙哥六年（1256）大宝积寺本一部（燕京南卢龙坊张从禄施印），元世祖忽必烈中统年间（1260—1264）广胜寺本一部，元世祖忽必烈至元年间（1264—1294）印送外国三十六部。《赵城金藏》刻成后，百余年间有记录的印刷发行的只见到以上四十三部。目前尚存的只有广胜寺本四千八百一十三卷，大宝积寺本约五百四十卷，兴国院本及天宁寺本各十余卷，共五千三百八十余卷，国内已难以凑成完整的一套，流散到日本还有一些残本。

元代以后，金藏原版曾有过两次补雕。第一次在元代窝阔台执政时期（1229—1242），由中书省耶律楚材请设"编修所于燕京，经籍所于平阳，编集经史"。其《湛然文集》卷十四有诗云："十年天下满兵埃，可惜金文半劫灰。欲剖微尘出经卷，随缘须动世间财。"元代至元二十二年（1285），大都道者山云峰禅寺住持如意禅师祥迈《至元辨伪录》卷四:“大元启祚,睠意法门。太祖明诏首班,弘护兹道。太宗则试经造寺,雕补藏经。”木版易朽,且经战乱,此次雕补版片约占全藏的四分之一。有雕补年月的有五处,我们《中华大藏经》中所据《赵城金藏》本均有记载。集资赞助者有政府官员,有寺院住持僧人,也有民间男女信徒。

元太宗补版《赵城金藏》前数年,南宋朝私版《碛砂藏》在吴县延圣院刻成。宋理宗端平元年(1234)编定目录(天字至合字共五百四十八函)。二十四年后,宝祐六年(1258)延圣院失火,经版被毁。元大德元年(1297),松江府僧录管主八主持补刻碛砂经版,共千余卷。增入“济”字至“感”字,增收《宗镜录》一百卷十函。元大德十年至十一年(1306—1307)增入从大都弘法寺中选出南方版本藏经中所缺的密宗经典八十七种二百八十二卷。

元代武宗到明代神宗的近三百年间,广胜寺迭经兴废,藏经颇有散失。中间曾经抄补。明清易代,又有散失。清雍正年间寺内开展过一次抄补缺卷工作。20世纪30年代蒋唯心住寺调查时,此类抄本尚存二百零七卷,现在此类补抄本已损失过半。此补抄本以寺内所藏《永乐南藏》为底本,故千字文编号与《赵城金藏》不同,间有误抄处。

1932年《赵城金藏》被发现后,附近村民进寺游览,信手取走,用来糊窗补壁,也有保存一两卷用以辟邪祈福。范成在寺院整理经卷时曾劝说村民送还,并出资购回二百余卷。其后外地古旧书商闻讯,不断派人前往收购,倒卖图利。抗日战争前,北京图书馆曾购得一百九十二卷。其他图书馆、博物馆、私人藏书家也有从书肆购藏的。新中国成立后,个人收藏的零星经卷捐献给北京图书馆收藏,张筱衡、周叔弢、徐森玉、周一良、贾敬颜等人捐赠共一百五十九卷。分散收藏在上海图书馆、山西省图书馆、北京大学图书馆、南京博物馆、山西省博物馆、广西博物馆、赵城广胜寺、太原崇善寺、“台北中央研究院”等各机关三十三卷。蒋唯心调查时这些经卷中的一部分尚在,后来才流散出去,另有一部分是早已散失的。

1931 年,朱庆澜、叶恭绰等人发起,将陕西省开元寺和卧龙寺所藏之宋元刊本《碛砂藏》影印流通。由比丘范成负责调查各寺庙中所藏古本佛经中可补碛砂本缺佚卷册者。1932 年夏,范成在西安遇一老僧性空从山西五台山归来,向范成提起山西赵城县广胜寺有四大书橱古本藏经,为卷轴装帧。范成根据这一重要资讯,随即赴山西赵城县,至洪洞千佛寺即发现十卷,到达广胜寺后,与带去的《大藏圣教法宝标目》逐一核对。范成在广胜寺发现古本藏经后,即电告上海“影印宋版藏经会”,称赵城古本藏经中发现未经传世的“经”“论”“疏解”“杂著”等四十六种。后由徐鸿宝赴广胜寺商洽,将这四十六种金藏特有的孤本典籍运至北京、上海拍照。1934—1935 年间,由北京图书馆、三时学会和“影印宋版藏经会”分别编成《宋藏遗珍》。另有保存完好的《楞严经》十卷,与通行本对校,勘出百余字的异同。照原样影印四百部,仿原来装帧出版。可惜此书原本现已缺卷二、卷三、卷八,这个复制本也成了珍本。

1932 年秋,南京欧阳竟无主持的支那内学院将赵城古藏经零本勘定为金元故物。为了查清实况,遂派蒋唯心前往山西赵城广胜寺做进一步考察。蒋唯心住在广胜寺内,逐卷检核,判定和区分兴国院本和元代初年弘法寺补雕本,旁及明万历、清雍正两次补抄的情况,并考证金藏雕印始末,对照高丽大藏经目录,参考《至元法宝勘同总录》,编定了《赵城金藏》简目。他的介绍文章 1934 年出版单行本。蒋唯心是向海内外全面介绍《赵城金藏》的第一人。他的考察报告引起了全国专家的注意,也引起了日本学者的注意,后来侵华日军也把它列为文物掠夺的对象。

三、《赵城金藏》的抢救和修复

(一)抢救

1937 年,抗日战争爆发前,山西广胜寺上寺弥陀殿的十二个藏经柜共贮有藏经三部半,计有:(1)金刻卷轴装大藏经一部;(2)明初刻印《永乐藏》一部;(3)影宋本《碛砂藏》一部。此外还有清刻《龙藏》,不全,只能算半部。

1939 年 7 月,日本侵略军侵占山西省雁北。广胜寺力空和尚为防止日寇掠夺,即将《赵城金藏》五千多卷砖砌封存在广胜寺上寺飞虹塔内。中国人民深知,日本侵略军除烧杀掠夺财物外,还有计划地掠夺中国文物。以《枫桥夜泊》闻名世界的苏州寒山寺钟即被日军劫走,该钟至今下落不明。文物古籍也被他们视作掠夺的猎物。当时广胜寺西十五公里处的明姜村有一个日军据点,驻一个小队;西南面同蒲铁路沿线有敌碉堡五六处;西南十五公里洪洞县驻日军一个大队;正南七公里的苏堡镇驻日军一个小队;南面的日军已逼近广胜寺二公里处山下的道觉村。除通往抗日根据地的寺东北方向外,三面均有敌人。1942 年春天传出消息,驻占赵城道觉村的日军要来抢夺广胜寺的《赵城金藏》。1942 年 4 月 17 日,由八路军与地方武装把全部经卷安全转移出去。日军率部来抢夺时,迟了一步。

《赵城金藏》转移到亢驿后,存放在机关院内。本来计划转运到沁源县太岳区驻地保存,未及运走,日寇发动了"五一"大扫荡。八路军带着经卷,马驮人背,与敌人周旋于崇山峻岭之间。反扫荡结束后,才把经卷送到沁源县太岳行署。

当时日寇骚扰频繁,沁源县也不是绝对安全的地方,遂由太岳区主任牛培琮派人把经卷运到山势险峻的绵山县,藏在一座废弃的煤矿内,指定专人负责保管,每年前往查看,搬出晾晒。但由于矿洞内渗水潮湿,部分经卷受潮发霉,粘连成块,无法打开。

抗战胜利后,晋冀鲁豫边区政府决定将《赵城金藏》交给北方大学保存。经卷运到后,正值北方大学西迁,经卷运到涉县温村,存放在一所天主教堂内,由北方大学校长范文澜派张文教负责前往看管。张文教接管后,把经卷由温村搬到长乐村一个通风干燥的小阁楼上保存,未再转移。

1949 年北平解放后,经华北局书记薄一波批准,电令太行行署将《赵城金藏》运到北平,交北京图书馆(即今天的国家图书馆)收藏,共有四千三百卷,又有九大包。《人民日报》于 1949 年 5 月 21 日发布了《赵城金藏》运抵北平的消息。

(二)修复

北京图书馆于 1949 年 5 月 14 日邀请文化教育界专家多人举行展览座谈,并会商修复和保存的办法。北京图书馆赵万里介绍"《赵城金藏》的源流和价值",张文教报告守护和护送的经过,范文澜介绍共产党重视文化遗产的政策。晁哲甫建议北京图书馆制定修复计划,请政府拨给修复专款。会后北京大学向达教授撰写《记〈赵城金藏〉的归来》一文,发表在 5 月 23 日的《人民日报》上。

《赵城金藏》入藏北京图书馆善本部,由馆内修整组负责揭裱。

文物版本专家郑振铎、齐燕铭多次来北图视察修整情况。有的经卷因受潮、挤压，结成纸棒，修整难度极大，进展缓慢。最后由韩占魁等四位装裱书画的高手承担下来，采取特殊工艺手段，经过十七年努力，终于把这部稀世瑰宝修整完毕，可供阅读。

四、《中华大藏经》不同于历代刊行的大藏经

汉文大藏经以其篇幅宏大、版本众多、历时久远闻名于世。雕版印刷术发明以前，佛经传播靠手写流传。南北朝时北方已有摩崖石刻佛经，刻凿在岩石上，与造像祈福同一目的。隋代已开始用石板刻经，那是为了保存佛教经典，以防止兵燹战乱的破坏。刻在石板上，每块石板重达百斤，利于保存，但不便阅读。10世纪，北宋开宝年间开始以木版印藏经，世界上第一部雕版大藏经问世，世称《开宝藏》。后来辽、金、元、明、清都曾投入大量人力物力雕造藏经。现存公私家刊印的“大藏经”达二十种之多。辛亥革命后，还出版过铅字排印的两种“大藏经”——《频伽藏》和《普慧藏》。在国外，汉文版藏经有《高丽藏》《黄檗藏》《弘教藏》《卍续藏》《大正藏》等。纵观国内外已出版的各种“大藏经”，都有这样那样的缺点，今天看来都不算理想的版本。

为了避免过去各种大藏经的缺点，我们编印的《中华大藏经》力求做到版本要“精”，内容要“全”。我们慎重考虑，选用了八种有代表性的不同版本的大藏经，以《赵城金藏》为基础，进行对校。

《赵城金藏》是北宋《开宝藏》覆刻本，装帧、版式保有《开宝藏》的特点，在《开宝藏》散失殆尽的情况下，不论在版本方面、校勘方面，

它都有无可比拟的价值。

国内现有藏经中未经传世的孤本还有《房山云居寺石经》、《辽藏》(又称契丹藏,用名不妥,因为它用汉文而不是契丹文)、《元代官刻大藏经》、《洪武南藏》。这几种大藏经多为《碛砂藏》和《永乐南藏》的覆刻本,所收典籍均少于《赵城金藏》,不宜用作基本参校本。《赵城金藏》收录佛典近七千卷,现存五千三百八十余卷,虽有缺佚,但可用《高丽藏》补入。《高丽藏》与《赵城金藏》同属《开宝藏》系统的覆刻本,版式基本一致,用《高丽藏》补《赵城金藏》自然协调,便于操作。

《中华大藏经》的校勘方式亦与过去有所不同。《中华大藏经》编辑者申明以《赵城金藏》为基础而不说以《赵城金藏》为底本,是经过考虑的。

《赵城金藏》长期存放在矿洞中,有的经卷水湿、霉变,字迹有残损、有漫漶。在抢救搬运中,卷帙有破损。虽经过北京图书馆的精心修整,基本恢复旧貌,但有些经卷水浸后有霉点,原件可以辨认,照相制版后即不够清晰。我们还要在底片上除去霉点。有残缺不全的字,确定为某字的,如"菩萨"有缺损一半的,即用《赵城金藏》中相同的字剪贴补足。经卷中遇到一行半行或一版半版漫漶不清的也用此法补足。遇到整卷缺佚的,即用《高丽藏》补,并在该卷校勘记中说明。按照传统校勘义例,虽经过编辑人员慎重加工,《赵城金藏》已不能称为底本,而只能说是以它为基础。《中华大藏经》成为中国众多版本大藏经之后的另一种新版本,字迹清晰,既可供佛教信徒咏诵,又可为研究者提供可信的原始资料。

《中华大藏经》以《赵城藏》为基础,与另外八种版本的大藏经对勘。这八种版本是《房山云居寺石经》《资福藏》《影宋碛砂藏》《普宁藏》《永乐南藏》《径山藏》《清藏》《高丽藏》,九种藏经逐句校对,只勘出各种版本文字的异同,不加案断。

我们校勘的目的,不在于勘误订正,而在于会同比较。因为我们长期整理中国古籍的经验表明,不同版本出现的文句异同,多半不涉及义理,古籍版本出现文字异同各有道理(当然也有明显错误的),如果一定要由编者决定取舍,难免失之武断,徒耗人力,并不科学。

还应指出,每一种善本的特殊价值并不真正由于它的至美至善,而在于它体现了各自时代的某些特征。这些特征是别的版本不能代替的。如《房山云居寺石经》可谓善本,其中石刻佛经体现了《辽藏》的风貌。但也发现有的刻工为了贪图省工,出现了许多与上下文不相连属的"一"字。从一般校勘原理看,这些"一"字与形、音、义的错简毫无关系,只是由于刻工按版计酬,为了省力,又能占满版面,才出现了不应出现的许多"一"字。汉字中只有"一"字笔画最少,刻起来省力,用来充字数最方便。像这类缺点,瑕不掩瑜,并不能动摇《房山云居寺石经》版本价值的历史地位。这里只是说明中国过去雕印的众多版本的大藏经没有一种是尽善尽美的。《中华大藏经》为读者提供一个会同诸本的机会,标出异同,不作案断,正是极端负责的精神,尊重读者、研究者的判断能力。一卷在手,等于同时拥有九种版本的大藏经,为研究者提供了空前的方便,这是《中华大藏经》出版以前任何图书馆都无法办到的。

《中华大藏经》上编完成后,我们编辑者已准备编辑"下编"。"下编"将包括历代无千字文帙号部分与新编入藏部分,重点放在过去未入藏的佛典文献,以及逸散在前代大藏经之外,以及近百年新出的佛教文献,包括:(1)近代由梵文、巴利文、藏文、蒙文等各种文字译为汉文的佛教典籍;(2)敦煌藏经洞保存的大量佛教典籍;(3)正史、地方志、丛书、类书、个人文集中保存的有价值的佛教资料;(4)与佛教有关的金石资料;(5)近现代的佛教著作与有价值的资料等。下编完成后与上编并立,为我国储备一套完整的佛教文献资料,《中华大藏经》将成为名副其实的一套汉文佛教全书。值得欣慰的是,在国家支持下,《中华大藏经》下编工作已于2002年4月开始启动。因为我们已有了编辑"上编"的经验,"下编"可以比"上编"较快地出版问世。

五、《中华大藏经》的完成

《中华大藏经》在国家大力支持下,1982年开始编辑,1986年年初,已出版到第十五册时,古籍整理出版规划小组负责人李一氓同志给薄一波同志写了一封信:

一波同志:

金朝所刻佛经,原藏赵城广胜寺,是极为珍贵的佛教典籍和历史文物。抗日战争时期,日寇意图掠夺,当时您和陈赓同志命令所属从敌伪碉堡丛之间奋勇抢运至安全地带。全国解放后,由中央人民政府拨交北京图书馆保存。嗣经北京图书馆用十七年时间精心整理,灿然恢复旧观。一九八二年,国务院古籍整理出版规划小组委托任继愈同志主持,即以《赵城金藏》为基础,编成《中华大藏经》,共约七千卷,将分装二百二十册,由中华书局影印出版。现已出十五册,特检送第一册,藉留纪念。

一九八六年一月二十日

李一氓同志的这封信，简单地叙述了《中华大藏经》的编辑、出版经过及今后的打算。当上编一百零六册接近完成时，我曾给李一氓同志写信，说明“上编”完成在即，请求仍由国务院古籍整理出版规划小组支持继续完成“下编”。可惜他已生病住院，身体精力差，不能执笔写字，由他的助手代写了一封回信：

继愈同志：

四月底以后，复多为心脏病纠缠，精神不佳。我意以专力完成《大藏经》正编及目录，此项工程已经是了不起，如能完成，当可告无罪于天下。至于续编及近代检索装备，只能留及后人。特此致函，略述微意，并请见宥为荷。

即颂

撰安

李一氓

五月卅一日

收到信不久，李一氓同志即与世长辞，生前未能看到这部《大藏经》上编完成。如果没有他的大力支持，这部《中华大藏经》只能以《赵城金藏》的原始面貌沉睡在善本书库内，无从会同八种不同版本呈现在世人面前，更无从为建设新文化积累资料添砖加瓦。

编纂这部《中华大藏经》，我主要得力于两位青年助手。一位是李富华，他十二年如一日，审查校稿后，遂交中华书局；另一位是方广锠，他读博士生时，从事中国佛教文献专业，专攻版本目录之学，他还帮助制定编辑工作流程，对编纂工作起了重要作用。

上编出版到第三十五册时，我们编辑的主要成员——童玮教授不幸逝世。他一生致力于佛教经典版本目录之学。他编撰的《二十二种大藏经通检》凝结着他一生的心血。为了普查国内佛典古籍现存的情况，他不顾年高，走遍了大江南北、长城内外，南到苏州、南京、上海、南宁、昆明，北到雁门关外的宁武，东到东北吉林、长春、旅顺、大连，西到四川成都，山西晋城、太原、五台。经过他亲自访查，基本摸清了佛教古籍现存的概况。他在编辑《中华大藏经》工作中起着无可取代的作用。童玮还曾听山西晋城青莲寺僧人说，抗战时期，国民党第二战区司令部曾来人借走该寺的卷轴装佛经三十余卷，寺僧不敢不给，借走后未归还。当年的借阅者、借出者早已逝世。这几部《赵城金藏》卷子的下落，留下了永久难解之谜。童玮每次对我提到这件事，不胜唏嘘。

校勘组的石硙老师，在当年十分困难的条件下，工作勤奋认真，以致积劳成疾，本书第一册出版前因病逝世。张文苑先生负责底本组，承担着校勘工作的第一道工序。他认真负责，工作安排得有条不紊。不幸突发脑溢血逝世。还有湖北的王世安先生，他为校勘工作付出了劳动，也过早地逝世了。对逝世的这几位来说，是终生遗憾，也给我们全体编纂者留下长远的怀念。

为了搜求中原找不到的卷帙，我们还得到海外朋友的大力支持、协助。这里特别感谢美国的余英时教授。承他的协助，找到《赵城金藏》散佚的《佛国记》，得以珠还合浦。先后对编纂《中华大藏经》提供资料做出贡献的国际友人还有日本临济宗相国寺派管长的梶谷宗忍先生、日本临济宗相国寺派教务部长绪芳香洲先生等。

我们还曾收到没有留下姓名的捐助汇款两笔，一次一百五十元，一次二百元。感谢他们对中华佛教文化事业的支持，他们的心愿将与《中华大藏经》同在。

六、大藏经编辑人员总名录(以姓氏笔画为序)

丁明夷　王玉甫　王世安　王　立　王永清　王　安
王克禄　王育仁　王若兰　王　军　王惠仁　王　新
王震飞　王　静　王　鸿　王释非　王　铸　牛培昌
方　生　方广锠　尹清慧　石　础　石静宜　白　梅
包兰秀　曲秀兰　朱红蕾　朱启贤　朱曙光　任今要
任道平　任　慧　任继愈　伊　晶　安月兰　李玉清
李若聪　李富华　李　硕　李璋元　李　莹　李　蕊
李锡琏　李铁钢　吴彩本　吴　莹　何　梅　余岫云
余涂才　汪颂圻　沈秀英　沈林红　宋启民　宋　璟
尚其康　金世光　金莲生　周立新　用悌闻　周维桢
屈小琦　孟淑玖　柯金康　柳本明　胡受之　郝继东
郑廷础　姜京春　姚京胜　苟俊恩　范庆文　袁文君
袁　祝　马彤谨　马鹏云　马艳霞　夏洛玉　乌红梅
郭建纲　郭卫东　郭　苹　高明赞　唐　洁　陆德明
陈　力　陈小平　陈兆明　陈亦男　陈贞辉　陈　军
陈　刚　孙小宸　孙　华　孙培育　孙爱东　曹　扬
娄春明　梁宝全　张大柘　张子静　张文苑　张方梅
张以林　张以鸾　张廷杰　张宏愿　张　岩　张佩兰
张　红　张桂元　张桂新　张风喜　张　谦　张　馨
张跃生　单立经　乔　颖　程　昕　傅克勇　傅增褆
邹文莉　童　玮　鄢玉川　万淑惠　葛维钧　葛艳飞

董型武　叶祝华　叶龙先　杨世荣　杨　旻　杨素香

杨崇巽　赵湘君　赵瑞禾　翟瑞华　蒋兆华　蒋孟平

巩如旭　刘永平　刘伯涵　刘维彰　刘泽邦　刘　韵

刘艳青　潘桂明　潘翔九　卢守中　鞠　敏　萧越慧

魏广洲　钟　刚　庞瑞琦　苏珂孙　苏　军　苏刚健

苏燕孙　龚守缙

参加人员先后共有一百六十人，分别属于底本、修版、调度、校勘、汇稿、定稿、总务、财务八个部门。各部门人员多少不等，少的一个人，多的四五十人。参加者年龄从二十岁到八十岁，老少不一，参加时间最长的从始到终十二年，最短的三个月，不等。他们的辛劳和业绩也将与《中华大藏经》同在。

重印《道藏辑要》的意义[①]

习惯的看法,认为儒家的经、史、子、集中体现了传统文化,佛教、道教的著作,是宗教和迷信,文化价值不大。这是一种误解。

封建正统观点,如《四库全书》的编纂指导思想,认为佛、道两教不是文化正宗。实际上,从唐宋以来,儒、佛、道三教长期交融,相互渗透,佛、道两教的著作不只是宗教的古籍,它们已成为中国传统文化的一部分。研究中国历史、中国文化,不了解佛教,就无从着手,这一观点已逐渐为学术界所接受。对道教著作的重要性,现在社会上似乎尚未引起足够的重视,至少没有像对佛教著作那样重视。

事实表明,道教著作中的可供汲取的东西非常丰富,它的重要性,比起佛教著作,至少不差,甚至可以说比佛教更重要。

道教著作,其所以没有引起国内社会上的普遍重视,至少有两个原因:一是国内学术界对道教研究工作刚刚开展;再一个原因是资料缺乏,道教的书不易找到。道教的专集,是《道藏》,共有五千多卷。这部书新中国成立前影印过五百部,后来台湾省据影印本不断影印,还印有缩印本,海内外的大图书馆多采用这种影印本。《道藏辑要》

① 原载《人民日报》1986 年 7 月 4 日第 5 版。

可以说是《道藏》的“续编”，这部书由巴蜀书社据原木刻版印刷出版。《道藏辑要》的出版，给海内外研究《道藏》的人士提供了资料，对中国精神文明建设做出了贡献。我作为一个道教史研究者，对这部书的出版感到高兴。

论朱熹的《四书集注》①

——儒家经学的一大变革

秦汉建立了统一的封建王朝。为了加强政治的统一和教化的统一，汉武帝置五经博士，定儒家为一尊，用政府的权力推行儒家思想。“五经”成为国家规定的教材。

经书文字简古，传抄不易，传授经典靠记诵。古代没有工具书，识字断句都要有人指点。经典传授必有师承，经师传授，既讲文句，又解释书中的道理，这是经疏章句之学的起源。

汉以后，社会政治不断变化，为不同时代的政府服务的经学也跟着变化，因而经学具有时代特征。汉人解经，受天人感应思潮的影响，以天道附会人事，是为“神学经学”，它是汉代巩固统一政权的得力工具。神学经学，是一种比较粗糙的神学体系，但它体现了时代思潮，包含了当时许多学科（如哲学、神学、史学等）的内容，用经学为最高思想指导，有助于推行治国安邦的措施，如引经书决狱、施政等。

唐初编定《五经正义》，融南方经学与北方经学为一体。它反映了唐初统一南北朝以后的新形势。唐永徽四年（653）颁行天下，直到宋朝，一直用来作为明经科取士的标准教科书。维持的时间比汉代的神学经学长得多。但是唐朝经过安史之乱，社会情况发生了急剧

① 据《任继愈学术论著自选集》。原为岳麓书社版《四书集注》前言（1987 年版），曾收入《儒教问题争论集》。

变化。唐中期以后,《五经正义》已不能完全满足施政的要求。因为天下处于地方割据,与中央政权对抗,唐末五代十国,直到北宋建国,中国进入封建社会后期。作为稳定政权统治秩序,维护封建宗法制度的工具,除了儒家经学以外,还有佛教经学、道教经学。为了加强经学的权威性,只有把当时社会思潮诸多文化因素吸收到经学中来,经学才有生命力。建成完整的上层建筑,不是一朝一夕建造的。汉初董仲舒的经学体系从汉初算起,经历了七十年。“四书”的出现[①]从北宋建国算起,差不多经历了百年之久。

体现时代思潮的新体系的形成,要具备三个条件:第一,政局稳定。战争年月,兵荒马乱中不能出现新体系。第二,充分而必要的思想资料的积累。第三,新体系要有体现时代思潮的思想家。到了北宋中期[②]才具备了这三个条件,南宋朱熹出色地完成了这一使命。他对中国封建社会后期贡献和作用大于董仲舒对中国封建社会前期的贡献和作用。朱熹陪祀孔庙,享受的奉祀达七百年之久,直到“五四”时期,朱熹的牌位才被撤除。

《论语》《孟子》是先秦的著作,《大学》《中庸》成于汉初[③],这是学术界的共同看法。这四部分各自独立,不相联属。这四部分组合在一起,命名为“四书”,并得到社会的认可,那是朱熹努力推行的结果。远在南北朝时期,《中庸》一书已受到重视,梁武帝把《中庸》与佛经同等看待,等于说《中庸》已从《礼记》中独立出来[④]。《论语》在汉代尚不能与“五经”并列,与《孝经》地位相当,起着辅翼“五经”的

① “四书”的出现,标志着“新经学”的形成,这是《五经正义》以后,吸收了佛、道二教的某些宗教内容而形成的“儒教经学”。

② 北宋仁宗时期,出现一批思想家,正式提出“四书”与“五经”并重。

③ 见《中国哲学发展史(秦汉卷)》,219—244 页。

④ 见《中国哲学发展史(魏晋南北朝卷)》,436—618 页。

作用。《孟子》在汉代的地位不及《荀子》。唐朝韩愈著《原道》,倡言道统,以与佛教相颉颃,提出从尧、舜、禹、汤、文、武、周公到孔子、孟子有一脉相传的相道统。尧、舜、禹、汤、文、武、周公,是帝王而兼圣人,孔孟都是春秋战国时期的有影响的思想家,但不具有帝王的身份。孔、孟的圣人地位,是根据他们留下来的言行记录《论语》和《孟子》而来的。柳宗元为佛教辩护,认为佛教讲的道理与《易》与《论语》合,他也把《论语》与《易》相提并论,《论语》也享有"经"的地位。稍后于韩愈的李翱根据《中庸》著《复性书》发挥圣人之教,唐人已开始注意到《大学》《中庸》《论语》《孟子》的重要性。北宋张载少年时,喜谈兵,初次谒见范仲淹,范授以《中庸》,从此张载成了儒家的信徒。可见《中庸》一书从唐到北宋已相当流行,是一部随处可以见到的儒家典籍。

伊川程颐开创洛学,他经常以《大学》《中庸》《论语》《孟子》为基本教材教育门徒。这四部书成为儒家系列丛书,应当说是从程颐开始的。北宋仁宗庆历以后,文化发达,人才辈出,出现了群星灿烂的局面,与洛学并峙的有王安石、司马光、苏氏父子、邵雍、张载等许多学派。这些学派中,如司马光对这四部书并不完全赞成。"四书"虽在北宋受重视,还未能定型,"四书"与"五经"并列,公开主张"四书"优于"五经",那是从朱熹开始的①。

韩愈、李翱对《大学》《中庸》予以阐发,但没有把它们从《礼记》中分离出来,朱熹说:河南程夫子之教人,必先使之用力乎《大学》《论语》《中庸》《孟子》之言,然后及乎"六经"(《朱子文集》卷八十二)。朱熹进而说明学习"四书"的顺序,学者应当:

① "《语》《孟》,工夫少,得效多;'六经'工夫多,得效少"(《语类》卷十九)。

先读《大学》以定其规模，次读《论语》以立其根本，次读《孟子》以观其发越，次读《中庸》以求古人微妙处。①（《语类》卷十四）

朱熹对"四书"的研究注释，投入极大的功力。朱熹对《大学》加工较多，从中分出"经"及"传"，并改变了原来的次序，还认为格物章有经无传，补写了一篇"传"即《格物传补》。这一举动也曾引起后来学者的怀疑和反对。朱熹对《中庸》大体依照程颐的观点，重新分别章节，朱熹称为《大学章句》《中庸章句》。对《论语》《孟子》两书未曾改动，而是博览古今注释择善而从，称为《集注》。这四部书的合订本统称为《四书集注》。

朱熹以毕生精力从事学术活动，讲学、著述达四十余年。中国思想家中，对社会产生深远影响的不过三五人，朱熹是其中的一位，他的《四书集注》起决定性的作用。朱熹从三十四岁时，为《论语要义》，四十三岁时为《论语精义》，四十八岁时成《集注》，此后不断修改、补充。朱熹对《大学》《中庸》用力最勤。六十二岁时《大学》《中庸》尚未付刊，他六十九岁时自称：

> 某于《大学》用功甚多。温公作《通鉴》，言"臣平生精力全在此书"。某于《大学》亦然。《论》《孟》《中庸》却不费力。（《语类》卷十四）

他自己认为对《大学》用功甚多，这是实情。像"格物"一词，在《大学》原著中，还算不上哲学范畴，经过朱熹的注释，"格物"成了后来

① 朱熹晚年，发现《大学》一书学者不易领会，于是提出先从《论语》《孟子》入手，然后再读《大学》《中庸》。印书商人因《大学》《中庸》篇幅小，放在一起便于装订，其序列为《大学》《中庸》在先，《论语》《孟子》在后。明代遵从朱熹说，认为《中庸》为子思作，应在《孟子》前，不论顺序如何排列，这四部书成为一组，已成定局。

儒教体系的中心构件,后来王守仁与朱熹的理论分歧,也发端对“格物”的理解。朱熹的“格物”说的意义,不在于解释《大学》,而在于建立自己的儒教新体系。

《四书集注》引用汉人以后注释,董仲舒、司马迁、扬雄等十五家,引用宋人及同时人之说有四十一家。朱熹尽量博采众长①。

> 或问集注有两存者,何者为长?曰:使见得其长底时,岂肯存其短底?只为是二说皆通,故并存之,然必有一说合得圣人之本意,但不可知尔。复曰,大率两说前一胜。(《语类》卷十九)

程先主解经,理在解语内,某集注《论语》只发明其辞,使人玩味经文,理皆在经文内。(《语类》卷十九)

《四书集注》,不能只看作关于字句的注释,它体现了朱熹的全部哲学体系。《集注》解释孔孟的话,有些是孔孟原有的意思,朱熹予以发挥。也有孔孟没有的意思,朱熹给加上去的。孔子、孟子多处讲仁、义。孔子多论“仁”,孟子多仁义并举。朱熹解释的仁义,与孔孟并不相同,《四书集注》说:

> 仁者,心之德,爱之理。
>
> 义者,心之制,事之宜。
>
> 礼者,仁之发。
>
> 智者,义之藏。

---

① 《孟子集注》引用王勉说三条。此人宋史无传,不是有名人物,有“绍兴进士王勉”的记录。参看钱穆著《朱子新学案》。

这些思想都不是孔孟原有的,孔孟不可能讲得这样深,这样细,这是朱熹的创造。

也有朱熹按照自己的理解,发挥孔、孟的原意的。如《论语》“诗三百,一言以蔽之,曰思无邪”。注云:

> 凡诗之言,善者可以感发人之善心,恶者可以惩创人之逸志。其用归于使人得其性情之正而已。然其言微婉,且或各因一事而发,求其直指全体,则未有若此之明且尽者。故夫子言,诗三百,而唯此一言①足以尽其义,盖示人之意亦深切矣。

朱熹注释的高明处在于从教育、心性修养方面提出了读《诗》的方法,教人善于从中“得其性情之正”。不像有些卫道士,板起面孔,对经书上的话百般回护,硬要说《诗经》的诗讲的都是大道理,没有任何邪思。这种笨拙的解经法,不符经书原意,也无说服力。朱熹在《诗集传》中已明确指出有些诗为“淫奔之诗”。

《集注》中还随时灌注等级尊卑秩序的思想教育。如《季氏篇》“是可忍孰不可忍”一章,注多解“忍”为“容忍”。朱熹则从忠君的心理感情着眼,他解释说:季氏像这样大逆不道的僭越行为都忍心干得出,还有什么不忍心干不出来呢?

朱熹讲书,着重发挥,这是宋代学者治学的风气。程颐任崇政殿说书(讲官),给小皇帝宋哲宗讲《论语》,讲到颜回生活穷困,“箪食瓢饮,而不改其乐”一章。门人认为这一章与皇帝没有什么联系,程

---

① 此一言,即“思无邪”三字。

颐怎样去发挥呢？程颐说："陋巷之人，仁义在躬，忘其贫贱；人主崇高，奉养备极，苟不知学，安能不为富贵所移？且颜子王佐才也，而箪食瓢饮；季氏鲁国之蠹也，而富于周公。鲁君用舍如此，非后世之监乎？问者叹服。"

封建社会后期的哲学体系，特别强调了心、性，宗教内心修养中忏悔、禁欲、反省、自责的思想感情训练。这种训练是汉唐佛教、道教流行以后出现的，正像汉代经学必须吸收天人感应思潮才能具有生命力一样，宋代儒教经学的特点在于用心性论来解释儒家经典，特别是《四书集注》，它强调为人处世的道理，主要教人如何修身养性、涵养性情，正心诚意。在家为孝子，做官为忠臣，成圣成贤，不离于人伦日用之间。以心性论解经，是中国经学史上前所未有的一大变革。

《大学》出自《礼记》，是汉初综合先秦孔、孟、荀儒家各派思想，协调封建宗法制度的政治纲领。《大学》充分反映了中国封建宗法制度下以一家一户为生产单位的小农经济的世界观。

《大学》与《中庸》都属于西汉初的儒家著作。近代也有人认为《大学》为荀子一派著作，《中庸》为孟子一派的著作①。

《大学》的基本内容，即后人所说的"三纲领""八条目"。三纲领为"明德、亲民、止至善"。八条目是"格物、致知、诚意、正心、修身、齐家、治国、平天下"。这是汉初统一王朝建立后，总汇先秦儒家孟、荀诸流派关于如何协调封建宗法制度的政治纲领。封建宗法制度以家为本，家庭是小农经济的基本细胞。因此，对每个人的社会地位、职责提出明确的要求。《大学》说，"自天子以至于庶人，一是皆以修身为本"。从修身向内心修养方面追求，则是格物、致知、诚意、正心；

① 参见冯友兰先生说。

向社会方面推开去，要做到“齐家”“治国”“平天下”。这是《大学》一书原来的意义。

《四书集注》则把《大学》的纲领解释为“格物”，这是朱熹个人对《大学》的独特的解释，朱熹格物说与《大学》本身的含义要区别看待。

《中庸》这一章讲的是儒家的社会思想，讲在封建宗法制度下，为人处世的普遍原则。它指出：为人处世，不要太过，也不要不及，恰到好处，才是“中庸”。中庸不是在两极端之间截其平均值，而是根据具体的情况，做出最合理的行为抉择。难就难在“恰到好处”……适度，行为的适度，取决于行为者的道德修养水平，要求人们在日常生活中经常遇到的最平常的一些大大小小的行为中都能自觉地做去，而且做得恰到好处：

> 君子之道费而隐，夫妇之愚，可以与知焉，及其至也，虽圣人亦有所不知焉。
>
> 大哉圣人之道，洋洋乎发育万物，峻极于天下。
>
> 故君子尊德性而道问学，致广大而尽精微，极高明而道中庸。

《中庸》在当时引起社会关注的是它关于社会生活方面的中庸准则，重点在伦理方面。《中庸》中还有一部分关于人性论方面的论述，集中讲到“诚”这个范畴。可惜两汉经学的兴趣在于建立统一的哲学思想体系，到处弥漫着天人感应思想，《中庸》中关于人性论的阐发如：

> 诚者天之道也，诚之者人之道也。诚者不勉而中，不思

而得,从容中道,圣人也。诚之者,择善而固执之者也。

没有引起更多的反响。《中庸》把孟子、荀子的人性论加以综合,采取兼容的态度,认为“万物并育而不相害,道并行而不相悖”(这种兼容并蓄的倾向,从《吕氏春秋》就已开始了),因为当时需要统一的哲学体系。《中庸》力图用“天人合一”的理论解释人在宇宙间的地位和作用:

唯天下之至诚为能尽其性;能尽其性则能尽人之性,能尽人之性则能尽物之性;能尽物之性,则可以赞天地之化育;可以赞天地之化育,则可以与天地参矣。

其次致曲。曲能有诚,诚则形,形则著,著则明,明则动,动则变,变则化,唯天下之至诚为能化。

《中庸》对“诚”的作用做了无限夸大,使之神秘化。这种倾向在汉代没有引起注意,当然也不会发生社会影响,而被搁置起来。只是经历唐宋几代人的发挥解释,更主要的是时代的需要,人类认识的深化,心性论不断从佛、道二教的著作中得到充实,《中庸》的价值又重新被认识。

《四书集注》的历史地位和作用,可以从以下几个方面来考察:

第一,《四书集注》吸收了唐宋以来的文化积累,达到了当时可能达到的理论高度,建立了完整的儒教体系,它把各等级的人排到一个被认为适当的社会位置上,建立了封建社会成员的全方位的岗位教育,对安定社会起着极为重要的作用。

第二,《四书集注》是一部强化内心修养,涤除心灵杂念的儒教经典。把“正心诚意”“主敬”“守一”“格物致知”“存诚”作为人生修养内容,最终目的在于教人成圣贤,使人们在社会生活、人伦日用之中得到精神解脱。“极高明而道中庸”贯彻“内圣外王”之道。

第三,《四书集注》打破传统注释的旧模式。简明通脱,新人耳目。宋儒自称得尧、舜、禹的“心传”及文、武、周公、孔、孟以下千古不传之秘。朱熹的注解,有的有根据,有的根据不多,也有的直抒胸臆,不要古代书本的根据。它的特点是摆脱依傍,不受古人的束缚。

司马光《论风俗札子》中说:

> 新进后生,未知臧否,口传耳剽,翕然成风。读《易》未识卦爻,已谓《十翼》非孔子之言;读《礼》未识篇数,已谓《周官》为战国之书;读《诗》未尽《周南》《召南》,已谓毛、郑为章句之学。读《春秋》未知十二公,已谓《三传》可束之高阁。(司马光《传家集》卷四十二)

司马光对当时学风不满而发牢骚。其实不能责怪“新进后生”们,当时青年学者的这些疑古倾向,也是跟他们的前辈们学来的①。

第四,《四书集注》被指定为国家教科书,元明清各代用来开科取士,作为选拔政府官吏的标准。除了用它的学术影响以外,它还得到历代政府强迫性的灌输。读书人参加国家的各级考试,不能背离《四书集注》的观点,否则难以被录取,这也是《四书集注》流传久远的一

① 疑古代经典在北宋已成为风气,疑《周易·系辞》非孔子所作的有欧阳修;疑《周礼》的有欧阳修、苏轼、苏辙;疑《孟子》的有司马光、李觏;疑《尚书》的《允征》《顾命》的有苏轼;疑《诗序》的有晁说之;王安石贬《春秋》,他的《三经新义》,抛开旧传统,独标新解。南宋朱熹疑孔安国《书序》是魏晋间人作。

个因素。

如果汉代的经学称为前一时期的神学经学,后一时期的经学可称为“儒教经学”。前一时期的经学以宇宙论的形式出现,后一时期的经学(儒教经学)以心性论的形式出现。中间经过魏晋南北朝佛教经学的补充,使儒教经学增加了体现时代特点的新内容。它超越了宇宙论和本体论,上升到心性论的理论高度,它达到了中国封建社会经学的高峰,同时也表明中国封建社会的经学已走到了尽头,经学的历史使命已完结了。

《道藏提要》序[①]

1978年中国社会科学院正式成立，世界宗教研究所根据国家建设需要，制定社会科学发展规划，《道藏提要》是其中的一项。《道藏》卷帙浩繁[②]，内容芜杂，有珠玉，也有泥沙[③]。况且《道藏》有许多典籍撰者不明，时代不详，书上标明的撰者有真有假，难以分辨。在人力不足的情况下，仿《四库提要》体例编制《道藏提要》，困难很大。我们深知《道藏》这部道教典籍丛书是研究道教的主要资料库，如能早日把它整理出来，将有利于道教研究工作的开展。

自从新中国建立后，举国上下都在进行基本建设，文化学术的基本建设离不开资料的汇集与整理，而且资料工作必须先行。我国历代在开国之初，偃武修文，必先从事资料汇集整理工作。明初有《永乐大典》，清初编《古今图书集成》《四库全书》。法国资产阶级上升时期有百科全书派。只有资料充实、齐备，才有可能蕴育新建国家的文化高潮。没有充足的资料为依据，谈论学术文化，势必流于空谈。

中国三大宗教（儒、佛、道）是中国传统文化的三大支柱。学术界对儒教典籍研究得较多，对佛教典籍研究得较少，对道教典籍研究得

---

① 据《念旧企新——任继愈自述》。曾载《世界宗教研究》1989年第4期，收入《皓首学术随笔》《任继愈宗教论集》。

② 共千余种，四千余卷。

③ 《道藏》中涉及医学、化学、生物、体育、保健、天文、地理等内容，引起近代一些研究者的重视。

就更少。造成这种状况的原因甚多,由来已久。按照封建正统观点,认为只有儒家的经史子集才有资格代表中国传统文化,佛教、道教典籍属于旁支,文化价值不大。这是长期流行的一种偏见。清朝编纂《四库全书》是中国封建社会最后的一次文化丛书结集,共收书三千四百六十一种,七万九千三百零九卷,存目的有六千七百九十三种,九万三千五百五十一卷。两项共计一万余种。其中所收佛教典籍,属于《子部·释家类》,共十三部三百一十二卷,所收道教典籍归于《子部·道家类》,共收四十四部四百三十卷。何以收得这样少?《四库全书·道家类·总叙》说:

> 后世神怪之迹,多附于道家,道家亦自矜其异,如《神仙传》《道教灵验记》是也。要其本始,则主于清净自持,而济以圣忍之力,以柔制刚,以退为进。故申子、韩子流为刑名之学,而《阴符经》可通于兵。其后长生之说,与神仙家合一,而服饵、导引入之,房中一家,近于神仙者亦入之。鸿宝有书,烧炼入之。张鲁立教,符箓入之。北魏寇谦之等,又以斋醮入之。世所传述,大抵多后附之文,非其本旨,彼教不能自别,今亦无事于区分。然观其遗书,源流变迁之故。尚一一可稽也。

《四库全书》的编者把佛道两教的典籍归类于“子部”,取消了佛教和道教与儒教并列的地位。孔孟之书归为“经部”,佛道之书归于“子部”。被选入《四库全书》的佛教典籍仅二十四种,不收经典。道教典籍收录较多于佛教,所收的都是与《老子》《庄子》《周易》注疏有关的典籍。对道教内外丹法、图箓、斋醮等具有道教特点的均未收,这是按照当时皇帝的指示办的。

> 释道外教，词曲末技，咸登简牍，不废搜罗。然二氏之书，必择其可资考证者，其经忏章咒，并凛遵谕旨，一字不收（《四库全书总目凡例》）。

《四库全书》的编辑原则并不是清朝首创的。《隋书》载王俭《七志》以道佛附见，合为七门。阮孝绪《七录》以佛录第六、道录第七。《隋志》则于四部之末附载道经佛经总数。《唐志》以下，有经目而不详。

儒家学者总是怀有偏见，认为佛道两教的典籍价值不大。我们从中华民族传统文化的整体来看，佛道两教的文化与儒家传统文化同样重要，同样影响着中华民族的文化生活、家庭生活、社会生活以及政治生活。佛教、道教的影响，其深远程度当不在儒家经史子集之下。三教交互融摄，构成唐宋以来中国千余年的文化总体。不研究中国佛教就无从了解中国文化和中国历史，这一点已逐渐被学术界人士所承认，但对道教研究的重要性似乎还没有像对佛教那样重视。事实上道教典籍中可供发掘的东西非常丰富，人们已看到它在医药、保健、化学、音乐、艺术等方面的有价值的内容。深入发掘，当不只这些，像关于道教的哲学内容，研究得就很不够。道教典籍在中国文化宝库中的地位决不下于佛教，甚至更为重要。

“三教”（儒、佛、道）各有自己的典籍。佛教、道教经历了南北朝的大发展，典籍数量由少到多，急剧增加。这两教对于他们拥有的众多书籍还没有一个统一的名称，当时称为“众经”“一切经”。如僧人玄应、慧琳分别编纂了两部佛教名词检索的工具书，两书都命名为《一切经音义》。这里讲的“一切经”不包括中国汉唐时儒家的“六经”“五经”，它专指佛教经典。如果该书成于宋代，就可能叫作《大藏经音义》，现在编纂这样的书就叫作《佛教大辞典》了。

道教生长在中国本土，约与佛教同时活跃在舞台上。但道教的命运不济，错过大发展的时机，让佛教占先了一步。一步落后，步步落后，两千年间一直没有能超过佛教。唐朝道教得到皇室的支持，受到特殊的恩宠，可谓极盛。而道教信徒人数及天下道观的数量也只有佛教的二十分之一。

汉末魏晋天下大乱，老百姓在走投无路的情况下往往投靠宗教。由于黄巾起义打出道教旗帜，黄巾失败后，道教也受牵连，统治者对道教存有戒心，有很长时期对道教不敢信任。这时佛教接受了中国封建宗法思想，乘机宣传三世因果报应轮回之说，扩大了地盘，在帝王贵族支持下，招纳了大量信徒。

南北朝时期，北朝道教经过寇谦之的改造，南朝道教经过陶弘景的改造，都取得上层统治者的支持，才有了较大的发展。这中间已比佛教的发展落后了若干年，错过了大发展的时机。关于道教典籍的搜集整理方面，道教也落后于佛教一步。道教整理典籍的做法是从佛教那里学来的。佛教最先称自己的全集为《一切经》，道教编辑道教全集也称《一切经》。由于《一切经》这个名称被佛教占用在先，后来道教的《一切经》则称为《一切道经》，以区别于佛教的《一切经》。唐玄宗时曾令编纂《一切道经音义》，等于当时的《道教大辞典》。唐武后时出现过“道藏”一词，但未能通行。“道藏”一词正式确立是在宋代佛教“大藏经”出现以后的事。

宗教的存在和发展要靠群众，为了更大地发展则须依靠当权者的支持。佛教名僧道安深刻懂得“不依国主则法事难立”。道教的发展也离不开这一条经验。有上层支持，可得到充分的物资供应，为寺院建设创造经济条件；有下层广大群众信徒才能壮大宗教的声势，有了声势更能引起上层统治者的重视。只有上层而下层信徒不足，则缺少存在的基础，难以发展；只有下层群众而没有上层支持，也不能长久①。佛教、道教在中国都有悠久的历史，历久不衰，除了社会的客观原因外，与两教的主观努力也有极大的关系。他们推行宗教宣传，既要结交上层权贵，又要俘虏下层群众，针对不同信教者的需要推行宣传内容。

道教初创是从对下层群众进行宣传开始的。东汉的黄巾是内地道教，张鲁是巴蜀的道教，都以农村群众为对象。中国农村长期愚昧落后，缺医少药②，以符水治病，驱妖捉鬼，祈福禳罪，与民间巫术、占卜、星相图谶迷信活动相结合，成为道教传教活动的一部分内容。道教典籍中也保存了这一部分内容。

道教为了取得上层统治阶级的信赖和支持，也尽力满足他们的需要。地主阶级自南北朝始形成世袭特权阶层，即门阀士族。他们生活优裕，希望长远享受富贵，即使不能永生，也想长寿。道教为了迎合他们的身心各方面的需求，向他们推销养生、服食、炼丹、房中等内容。道教外丹教法在南北朝隋唐盛行不衰，即得力于上层贵族特权阶层的信奉和支持。炼丹要耗资财，费人力，不仅穷人不敢问津，中产人家也无力试验。只有特权大贵族对此道有兴趣。这些内容在道教典籍中也有记载。

道教和其他宗教一样，着重宣传神的启示，自称他们的经典为神仙颁赐。他们善于制造文书以宣达神意。道教信徒中多有书法家，

① 隋唐的三阶教，在社会下层流传颇广，后被政府取缔；明清民间秘密宗教，不能取得合法地位，活动也困难。

② 农村落后，目前尚且如此，两千年前的农村状况可以想见。

最有名的王羲之手写《黄庭经》向道士换鹅的故事流传甚广，王羲之是世代信奉天师道的道教徒。

道教宣传的重要内容在《道藏》中都能找到，从中可以窥见道教发展变迁的各个侧面。汉末到明清，社会思潮不断变化，与社会思潮相适应的佛教、道教、儒教也在变化。三教之间又有相互影响、相互渗透的关系。这种相互融通、渗透的关系在《道藏》中有表现。

综观道教的发展史，大致可分为四个段落，或称为四个发展时期。

南北朝时，道教得到帝王贵族的支持，跻身于社会上层，这是它发展的第一个时期。唐朝皇族与老子攀亲，自称李耳后裔，大力推行道教，这是第二个发展时期。北宋真宗、徽宗先后崇奉道教，用道教麻痹人民，陶醉自己，借以遮盖北方强邻压境造成的耻辱，这是道教发展的第三个时期。明中叶帝王迷信道教，妄图长生，道士受到宠遇，出入宫禁，干预朝政，以致参加政府上层的权力斗争，这是道教发展的第四个时期。

元朝初年个别道士曾受到皇帝的重视，如丘处机①，但元朝统治者不专重某一种宗数，如佛教、藏传佛教也都受重视，中间还发生过一次焚毁道经的劫难。

与道教发展的这四个阶段相适应，道教典籍也经历了四次大规模的结集活动。

南朝道士陆修静撰《三洞经书目录》，这是当时编纂的道教全书目录。“三洞”是洞真部、洞玄部、洞神部。“四辅”是太玄部、太平

① 道教为了给自己的教派壮声势，有意把元朝皇帝说成道教信奉者的样子。正如印度佛教徒把阿育王说成佛教的信奉者一样。阿育王除了保护佛教外，也保护其他宗教。

部、太清部、正一部。

道教目录起于南北朝，经历隋唐宋元不断编集、补充，但基本未出陆修静最初创立的规模。按“三洞”“四辅”的分类原则一直沿袭到今天。

佛教经录有按大小乘流派分的，也有按经典内容分的。道教的典籍也有同样的情况，如道经的十二类，即按内容分为：本文类、神符类、玉诀类、灵图类、谱录类、戒律类、威仪类、方法类、众术类、记传类、赞颂类、章表类。十二类的分类法，跟佛教一样，是为了便于庋存、便于检索、便于图书管理的一种办法。道经数量日渐众多，遇到举行宗教活动，如斋醮仪式，同类的典籍放置一起，便于取用，也便于归类。

“四辅”这一名称最早见于南朝刘宋时期，应在道教风行、流派出现以后。《正一法文经图科戒品》认为：

> 太清经辅洞神部，金丹以下仙业；
> 太平经辅洞玄部，甲乙十部以下真业；
> 太玄经辅洞真部，五千文以下圣业；
> 正一法文宗道德，崇三洞，遍陈三乘。

这种分类方法显然是根据道教流派自己的观点，模仿佛教判教方法的产物。佛教判教，往往给其他流派以应有的地位，把自己信奉的流派放在最高、最重要的地位上。正一派自认为本派教理可以“宗道德、崇三洞、遍陈三乘”①，境界最高。

---

① “三乘”这里指“仙业（洞神部）、真业（太平部）、圣业（太玄部）”，与佛教的“三乘”内容不同。

统观道书编集的过程，可以看出随着历史的发展，道教典籍逐渐增多的趋势。第一阶段的道教典籍一千余卷。第二阶段的道教典籍，唐玄宗令道士史崇玄等搜集道书约二千卷，并编纂了《一切道经音义》。玄宗后来又继续搜求道书，编辑总目曰《三洞琼纲》，数量增至三千七百余卷[①]。道教发展的第三阶段在北宋，真宗时搜集道书总集名曰《宝文统录》，增至四千三百余卷。这时已采用佛教《开元释教录》的分类编目法，按千字文分帙编号。宋徽宗时，崇宁、大观年间，刊行雕版《道藏》[②]，道书增至五千四百余卷。金元时期，北方也有道藏雕版，旋成旋毁，没有保存下来。元世祖至元十八年(1281)，道藏经版全毁，经典也丧失殆尽。道教发展的第四阶段在明朝，英宗正统九年(1444)，雕版刊印，次年完成，名曰《正统道藏》，共五千三百余卷，较宋雕版《道藏》略少。万历三十五年(1607)又续补一百八十卷，合计起来，比宋《道藏》略增。明以后，道教与佛教均被儒教排挤到不重要的地位。因佛教势力本来大于道教，在佛道两教一齐衰败的情势下，道教的势力显得更弱一些。

明中叶以后，国力衰竭，内忧外患相仍，朝廷自顾不暇，对道教不能从财力上支持。清朝当权者及上层贵族起自关外，承袭萨满教传统，对道教不感兴趣，道教历代享有的特殊宠遇有所裁抑。道教的发展在上层社会受阻，势力转入民间，转变成秘密宗教团体。这些民间宗教也有自己的经典，但不被政府承认，不能公开传播。日后重新编辑“道教全书”(或称“新道藏”)时，流传于民间的这部分道教典籍应当收入。

《道藏》中所保存的若干思想资料在中国思想史上占有重要的地

---

① 后又有五千卷、七千卷、九千卷之说，于史无征，均不可信。

② 《佛藏》雕版刊印，始于北宋开宝年间，世称《开宝藏》。《道藏》踵《佛藏》之后，也是从北宋开始雕版刊印的，只是比《开宝藏》迟了百余年。

位。它与佛教一样,各个时代的重要哲学思潮,在这里都有所反映。这些资料丰富了中国哲学史的内容。如魏晋以后,哲学界关心和讨论的中心问题是本体论。以本体论取代两汉的宇宙构成论。这一变化,说明中华民族理论思维的深入和提高。从本体论转入心性论的讨论,是中华民族理论思维的又一次提高。隋唐时期,佛教各大宗派如天台、华严、禅宗等都各在自己学术领域里有所建树,佛教的心性论处在时代思潮的领先地位。道教的理论也适应这一时代思潮。世人论道教内丹之学,多认为它由外丹发展而来,这种说法不为无据,但还不能算全面地说明了问题。内丹说,实际上是心性之学在道教理论上的表现,它适应时代思潮而生,不能简单地认为内丹说的兴起是由于外丹毒性强烈,服用者多暴死,才转向内丹的。"内丹说"在道教、"佛性说"在佛教、"心性说"在儒教,这"三教"的说法有差异,三教探讨的问题的实质没有两样,都属于心性论。道教的《抱朴子》的"道"的理论已偏重于本体论,但不纯熟。唐代司马承祯的"坐忘"学说则是典型的心性论。当时道教与佛教相呼应,各自从自己的立场阐发心性之学。佛教、道教倡导于前,儒教反而显得落后,后来韩愈、李翱等人也跟着探索这一领域。这种理论兴趣和思维到唐末、五代更加成熟,成为学术界的中心议题。宋代理学兴起,心性论与治国平天下的封建政治学说相结合,形成理论完备的儒教体系,成为心性论的主力。佛、道二教没有继续发展,仍停留在原来的水平上,反而落后了。

金、元时期出现的全真道及其相关的教派,与以前的及后来的许多道教流派不同。这些特异的道教的政治背景,前辈学者已有很好的论述①。应当指出,金、元时期的全真教把出家修仙与世俗的忠孝

① 见陈垣先生《河北新道教考》等有关著作。

仁义相为表里,把道教社会化,实际上是儒教的一个支派。儒教在宋代形成后,成为中国封建社会后期的思想支柱。南宋灭亡,儒教并未受到损伤。朱熹建立起来的儒教体系几乎全部在元代得到继承。政统虽然转移而道统赓续。皇帝换了姓氏,中华民族的传统文化反而凭借元朝强大武力推广到更边远的地区①。儒教势力强大,体系完整,超过佛、道二教。其实,它已包含了佛、道两教有关心性修养的内容。

研究道教不能离开佛教,也不能离开儒教。佛教与道教看起来长期有争论,事实上这两教基本上同兴衰、同荣辱、同命运。佛、道两教都受过政治压迫和迫害,佛教所遭受的政治打击的次数比道教还要多些②,原因在于佛教势力强大到与国争利的地步,政府就出来干预。佛、道两教互相吸收,道教吸收佛教的东西更多于佛教吸收道教的东西。唐代"三教"鼎立,唐中叶以后的总趋势为三教合一。宋以后,儒教形成自己的庞大体系,以釜底抽薪的方式,吸取佛、道两教的修炼方法,如静坐、养神、明心、见性等。这些都是孔、孟不曾讲过的。

中国的佛教早已中国化,佛、道两教相比较,道教似不及佛教机巧。试举聚讼千载的《老子化胡经》为例,老子化胡本属无稽之谈,佛教徒中不乏有识之士,并非看不出此说的荒谬,但他们任凭《化胡经》广为流布,并不进行反驳。佛教显然是利用道家为自己开路③,虽可以认为双方互相利用,毕竟佛教利用道教的成分更多。等到佛教势力强大到足以自张一军时,则发动教徒利用一切手段攻击《化胡经》。

---

① 云南省各县的孔庙是元朝建立的。

② 佛教所谓"三武之祸"。

③ 汤用彤先生说:"汉世佛法东来,道教亦方萌芽,纷歧则势弱,相得则益彰。故佛道均藉老子化胡之说,会通两方教理,遂至帝王列二氏而并祭,臣下亦合黄老浮屠为一,固毫不可怪也。"(《汉魏两晋南北朝佛教史》,中华书局,1983 年版,第 43 页)

有关这个问题最后一次大辩论发生在元朝。假借元朝统治者的干预，连《道藏》的经版都销毁了。当然，流传了千百年的《化胡经》，山陬海隅，所在多有，光靠一次行政禁令是毁不尽的。

我们编写的《道藏提要》，仿《四库全书》提要体例，介绍《道藏》每一部书的时代、作者、内容，并附有目录索引、道书撰人编者的简介，力求成为一部较完整适用的工具书。我们尽量利用前人的研究成果。中国学者如刘师培、陈坦、陈寅恪、汤用彤、陈国符、王明、陈撄宁、翁独健诸先生的有关著作，日本学者吉冈义丰、大渊忍尔、福永光司等教授的有关著作，都用来作为参考、借鉴。

道教典籍多自称降自天宫，具体作者难以确定。我们除了采用传统考订、训诂方法，如从文字、音韵、版本目录等方面寻求证据外，还充分利用佛、道二教相互影响、相互渗透的关系，与佛教发展的情况对比，利用中国哲学发展思潮的总趋势来判断某一作品的时代，划出大范围作为标志。我们根据时代思潮的特征，人类认识史的一般规律，结合中国佛教、儒教不同时代所讨论的中心问题多方衡量，力求把一些难以确定年代的典籍给它找出比较接近实际的时代断限。

我们力求对祖国文化建设有所贡献。我们的时代要求这一代人从资料整理开始，为下一时期文化高潮的到来准备条件，做些铺路奠基的工作。如果能起一点铺路奠基的作用，乃是我们编写者共同的心愿。

要重视道经研究[①]

——《阴符经素书释义》序

终南山自古为尘世仙源，汉魏以降，高人逸士多出其间。游其地者，喜其泉石之美，乐其林壑之幽。昔年访楼观台，缘识任法融道长，接谈之余，见其气歙神凝，抱朴涵冲，积学深厚，世人罕能测其量。近得其手著《阴符经素书释义》，行将付梓，远道邀为之序。此书以道教内丹之学，阐阴符之旨，备一家之言。

尝谓《道藏》典籍，文约义丰。《道德经》五千言，或以用兵，或以治国，或以养生，或以炼神，或以体天道、参造化。见仁见智，各有攸宜。所见不同，所取各异。《阴符经素书》亦颇类此，善学者端在所取而已。

古语云，道不同不相为谋。余与佛道诸教本不同道，然深维小德川流，大德敦化，道并行而不悖。题此短序，以待来哲。

1991 年 11 月于北京

① 文据《竹影集》。原为《〈阴符经素书释义〉序》，曾载《中国道教》1992 年第 3 期。收入《竹影集》时改为《要重视道经研究》，收入《任继愈宗教论集》时加副标题。收入本集时亦加副标题。

以禅宗方法整理《坛经》[①]

近半个世纪,《坛经》研究逐渐引起学术界的兴趣,研究者遍及海内及欧亚地区,这一趋势与思想界关心禅宗的研究有关。"禅"这一专门用语,已被国际学术界所接受。禅宗研究的兴起又与国际哲学界关心直觉主义、神秘主义思潮相呼应。

禅宗这一宗派与中国隋唐佛教天台、华严、法相并列为四大宗派。中国佛教义理之学,内容丰富、影响深远的也只有这四个大的宗派[②]。

影响深远的这四大宗派中,禅宗比其他三派更具有东方汉传佛教的民族特色。

禅宗的思想方法不重思辨推理的过程,而在直探本源的体认。禅不是从概念上引导信徒走向宗教境界,而是生活经验的升华心灵感受走向宗教境界。禅宗教人,更多用力于性情、人格的培养,也就是内心的自觉,而不大注重外在权威的灌输,借外在权威迫使鄙劣欲念消退。在这一点上,禅宗与净土宗存在最大的区别,与其他各宗也有不同程度的差别。

---

① 本文为《敦煌坛经合校简注》(山西古籍出版社,1999 年版)序言,曾收入中国禅学研究丛书《六祖坛经研究》(第四册)(中国大百科全书出版社,2003 年版)。

② 律宗、净土宗更注重实践,密宗后起,影响范围也较小。日本学者著作中认为中国有俱舍宗、成实宗、三论宗,事实上并不存在。

如果问禅宗教人解脱法门是什么,简单一句话,就是自己解脱。如果自己不会解脱,不敢解脱,佛祖释迦牟尼对这种信徒也无能为力。自行解脱,要有方法,更要有自信心。禅宗教人,不允许信徒们问自己“我能办得到吗”,而是要人们坚定信心:“我一定办得到!”这种宗教信仰的决心、愿力,原始佛教本来也有。如佛教经典中经常讲到“天上地下,唯我独尊”。且不必追究新生的婴儿有没有生下来就会说话、会走路的本领,神话归神话。但是,我们可以承认佛教教人树立坚定的宗教信仰,不要受外界任何干扰。不论是社会习惯的束缚,还是最高权威的压力,都不能动摇自己的信心。禅宗对佛教教义中的这一点是吃透了的。正是抓住了这一点,才使得另外的许多宗派,即使不赞成禅宗的一些主张和教育方法,却不能不认同其在佛教中的地位。

禅宗从慧能创立南宗开始,即重视《金刚经》。慧能的老师弘忍传教,以《楞伽》《金刚》并重,有所变革。可以说明,禅宗更着重般若空宗“以遮为表”的思想方法和世界观。以否定表达其所肯定;以不明说表达其所要说;以无为启发其有为。这也是印度般若学派的一贯宗旨。禅宗自称“教外别传”,虽曰“别传”,它传的还是佛教的主要部分。中国隋唐以后,宗派林立,其他各派对这个土生土长、来历不明的宗派啧有烦言,却不敢轻视,因为它抓住了佛教精神的一部分。

禅宗的世界观和思想方法,使它选择适合该宗派的传教方式。读禅宗典籍要符合禅宗思维方式,对禅宗和尚语录要与其他各宗派的著作有所区别。有的宗派特别注意语义明晰,心理描述,心情变化,遣词、翻译原著,必须字斟句酌。例如佛典旧译“观觉”,玄奘译为“寻伺”,意在区别心理活动的细微差异。这种认真的态度可取,也可贵,但对禅宗并不适用。

研究禅宗,要按禅宗的思维方式、表达方式,还要注意禅宗善于因材施教、因病投药的教学特点。同一问题,对不同提问者往往记录着不同的答复,有时相近,有时相反。

早期禅宗大师多见识高超而文化低下。我们看到唐人手抄的禅宗语录,错别字迭出,甚至文义不全。这种现象在其他宗派的手抄本中极少出现。这一事实,给禅宗研究者带来不少困难。正因为如此,禅宗经典文献《坛经》才会产生众多版本,人们常见的即有十几种以上。近代学者用了差不多近百年的时间从事校勘、订正。大家力图向社会提供一个可信的版本,并做出了自己的贡献,他们的努力值得尊重。

禅宗语录,从慧能开始,就提醒人们不要死抠字句,而要掌握他讲话的精神实质。这也是佛教涅槃"四依"中的"依义不依语"的古训。禅宗原来的衣钵相传,应当是早期禅学没有广泛普及的情况。安史之乱后,中央政府削弱,天下分崩离析,这一学派不专事经典,直指心印。禅学弟子各凭师傅的传授,结合自己的理解,从事传教事业。不同的版本各呈异彩,出现这种现象是可以理解的。禅宗《坛经》有没有一个定本?不可能有。中原地区战乱不断,文献保存不易,敦煌地区相对安定,千佛洞保存的手抄本足以反映河西地区流传的《坛经》面貌。

《坛经》的校勘任务,不在于恢复《坛经》的本来面貌,因为本来面貌很难说。《坛经》作者慧能(惠能)就有两种写法并存。即使今天慧能复生,问他本人,名字如何写,慧能也回答不出,因为他不识字。我们当然不能断定两个"慧能"哪个正确。

是不是我们研究者就无所作为?也不是。我们应当根据禅宗思想体系，按照禅宗的思路，把《坛经》理顺。以禅宗方法整理《坛经》，尽量避免用汉学家、经学家的方法整理《坛经》，这是比较可行的办法。回头来看过去已出版的世上已流行的几种版本，最好避免用“窜改”等字样，尽量不相信有一个完全正确的标准本的《坛经》的假设。只能就现有的敦煌本《坛经》的错讹字句、明显错别字理顺。还要探索一下唐时民间流行的习惯语，当时的社会政治制度，人名称谓，地区、地名，通盘考虑。当然，更重要的是按禅宗的思路来整理《坛经》。不要理顺了《坛经》的字句，却背离了禅宗思想。李、方二位的《坛经合校》本，应当看作百家争鸣、百花齐放中的又一枝奇葩。这个版本还不能成为定本，它为读者提供了一个通顺可用的新版本，为有心研究者提供了一个导游图。有了导游图，路还要自己走，判断、评论，还要作者自己拿主见。

1998 年 6 月于北京

璀璨中华文化之花的母树——“十三经”[1]

中华传统文化典籍浩若烟海，在这些典籍中，《周易》《尚书》《诗经》等十三种典籍因其起源早，内容宏富，流传广泛，而被认为是核心典籍，“十三经”可以说是中国文化的基本资料库。在“十三经”中，有反映宇宙观和变易哲学理念的《周易》，有最早历史资料《尚书》《春秋》，有最早的诗歌总集《诗经》，还有反映教化思想的《礼》《乐》等。“十三经”对于中华文化的丰富和发展起了极大的作用，同时也极大地影响了国民的文化传统和知识结构。“十三经”为主体的经学涉及古代学术的各个领域，如思想、哲学、宗教、典制、经济、管理、军事、法律、语言、文学、风俗等，包括了中国学术的主要门类，对中国古代各学术分支的形成和发展有着重要的影响。可以说，不了解经学，就很难真正理解中国古代社会的传统文化。如果将中华文化比作璀璨夺目的花朵，“十三经”就是它的母树。

“十三经”在中华民族文化史上有着无比重要的地位，对中华文化产生过巨大的影响。它们曾对邻近国家引发广泛的文化认同，对国内各兄弟民族起着文化凝聚的作用。随着国势的昌隆，重新认识传统经典的价值，重新诠释“十三经”这样的经典中所包含的智慧和经验，结合现代化的发展，重构我们的民族精神，在当前是非常有意义的。

---

① 据《皓首学术随笔》，原载《古籍整理出版情况简报》2001 年第 1 期，总 479 期。

“十三经”内容宏富，言简意赅，源远流长。像《诗》《书》《易》等经的渊源，可以上溯到上古。《诗经》成于商至春秋之间，《尚书》为虞夏商周四代的官方文告，而《易》更有“伏羲画卦”“文王重卦”的说法，《诗》《书》《礼》《乐》《易》《春秋》六经之教在春秋战国时期的社会教育中已具有明显的作用。特别是经过孔子及其学派的整理加工，孔子立私学以授徒，扩大了经的传播范围，由此奠定了六经在中国学术思想源头的地位。汉代五经立于学官，并因文字和解说的不同分出经今文学和经古文学，以后或纷争或混合，但由此丰富了对经的解说，促进了经学的发展。

汉以后，又出现了解说注文的疏，这些注疏对于“十三经”的流传起了至关重要的作用，历来受到与经文同等的重视。《十三经注疏》汇刻在一起，当始于南宋，也就是所谓的十行本。以后历代多有翻刻，错讹渐多。清代经学研究蔚然成风，至乾嘉时校勘训诂之学极盛。经学家阮元主持刊刻宋本《十三经注疏》，为学界提供了一个可靠的读本。阮氏刻本尤重校勘，《十三经注疏》以前各种版本的讹谬得以纠正。因此阮刻本流行二百余年，历久不衰。凡研读经学者，不经历《十三经注疏》难窥门径。研读《十三经注疏》而不用阮元校勘本的也是少之又少。阮刻《十三经注疏》问世，迄今又过了近二百年。这二百年间，经学研究有不少新的研究成果，有文字训诂的，也有义理阐发的，特别是近现代，考古不断发现新的资料，新的理论不断出现。学者们的视野更宽了，研究方法更加科学，因此应该有新的版本汇集这些成果，反映着二百年来经学研究的进展。

日前北京大学出版社出版了全新整理本《十三经注疏》，对《十三经注疏》进行新的标点和校勘。全新整理本的整理和审定工作，荟萃了近三十位治学严谨、功力深厚的国学界新一代古文献专家，历时五年多完成。全书的标点、校勘和文字处理，都完全按照古籍整理的规范进行，尤其是在利用前人成果的基础上更进了一步。如校勘方面，全面吸收了阮元《校勘记》和孙诒让《十三经注疏校记》及其以后的成果，同时近现代的校勘、辨证、考异、正误等方面的成果也择要吸收。总计校雠、梳理各种资料，撰写页下校勘记二十余万条，二百四十万字，远远超出了阮刻旧本。并且为兼顾研究与普及的需要，还出版了繁、简两种版本，将为我国经学研究做出新的贡献。我相信，这个全新整理本《十三经注疏》将代替清人校刻的旧本，再流行它一二百年应当不成问题。

说忠孝:儒学的回顾与前瞻[①]

——在“纪念孔子诞辰2555周年国际学术研讨会”上的发言

中国传统文化有三大支柱,号称“三教”(儒、佛、道),三大文化支柱中,儒家占主导地位。汉朝统一后,儒学成了主流。这固然得力于汉朝的大力提倡、鼓励、支持;主要原因还在于儒学本身。儒学构建的理论体系,适应了封建制度下多民族统一大国的需要。政治支持是外因,思想体系符合需要是内因。

中国地处亚洲东方,春秋战国以前,东西相隔万里,不通声气,与欧洲没有往来。秦汉统一后,东西双方有了互相交往的可能。世界上开始知道有中国,是汉朝以后的事。多民族统一大国为儒学提供了生存发展的土壤,政治需要为儒学提供了登上舞台的条件。儒学又不断从理论上丰富、完善、指导这个统一大国进行有效的统治。中国两千多年来,儒家推进中国社会前进,建立了不世之功。

封建社会本是社会发展前进的必经阶段,世界各地区间社会历史条件不同,因而各具特色。西方欧洲的奴隶社会和资本主义社会发展得比较充分而典型;中国的封建制社会发展得比较充分而典型,而中国的资本主义发展得不够充分,不够典型。本来生产力低下的

---

① 原载《儒学与当代文明》,九州出版社,2005年版。为作者在“纪念孔子诞辰2555周年国际学术研讨会”上的发言。

小农经济,由大一统的国家集中调配使用,可以发挥出最大效益。

《礼记》这部儒家经典为封建社会的宗法制度提供了理论依据,巩固了上升时期的封建制度,它强调"孝"立身治国的重要作用。《礼记》教导家族成员祭祀祖先时要从感情上把死人当活人看待,培养宗教感情,形成宗教心态。"斋三日,思其居处,思其意志,思其所乐,思其所嗜,斋三日乃思其所为斋者"。"君子三日斋必见其所祭者",这才算完成"孝子之志"。

"慎终追远,民德归厚矣"(《论语》),儒学把孝道与社会风气的淳厚、国家的安危联系起来。"王者父天母地,为天之子也""天子之位受之于天,不受之于人"。忠与孝已编织在一起了。

《孝经》说孝是"天之经,地之义,民之行",孝的原则被说成为宇宙最高原则。反之,任何危害社会的言行都被认为是"不孝"的,把中央集权的君主专制与家长为核心的小农经济社会有机地统一起来,君权神权合一,政治与宗教合一,从而完成了封建社会宗教神学体系。

《西铭》继承了《孝经》,张载提出人与天地万物同出一源,人的本性也是天地万物的本性。他对孝做出了神学的解释:"乾称父,坤称母",天地是人的父母,人都是天地的子女,对百姓万民,都应看作同胞兄弟,对万物应看作朋友。君王是天地的长子,大臣是长子的管家人。宋朝"二程"(程颢、程颐)把张载《西铭》这篇文章与《孟子》置于同等地位,予以高度的赞扬,这是可以理解的。

中国几千年间稳步发展有很多因素,其中多民族的封建集权制度应当是一个基本因素。多民族共同参与国家建设,集中群体智慧,有长江黄河两大流域广大地区作为活动舞台。既有广土众民物质保障的政治实体,又有统一而持久的儒家思想保障,这是世界上其他几个文明古国所不具备的。再加上中国几千年来全国通用的官方文字(汉字),有共同信奉的宗教(儒教),这一点在古代尤为必要。有共同接受的封建专制政体,各民族互利以经济联系(提倡引导的物资交流如:茶、盐、铁等等),共同维护的长江大河的水利系统,共同维系国家安全保障(外御侵略、内防内乱)等等。在众多条件中,儒家的忠孝原则起着不可取代的作用。

在忠孝教化下,把众多民族(今天还有五十六个)团结起来,形成文化共识,形成民族团结的精神纽带。此外,公元前后传入中国的佛教,本土成长的道教,公元七世纪传入中国的伊斯兰教,都接受了儒家的忠孝观念,用自己的教义与儒家配合,起着辅助王化的作用。

明代中期直到清代鸦片战争,西方基督教多次到中国传教,由于不肯与儒家的忠孝信仰相配合,多次传入都未能立足。鸦片战争后,在大炮的保护下,才在中国存在下来。佛教最初传入,提倡出家,不参与政治,与中国儒家敬天法祖的信仰发生矛盾,遭到抵制。为了生存,后来向儒家妥协,主张佛教徒也要敬礼君王,跪拜父母,把忠孝信仰纳入佛教教规之内,论证出家是“大忠”“大孝”。佛教大师慧远在庐山讲授儒家的《丧服经》,儒佛两家合流,互相支持。

大一统的多民族的统一大国,除了有效的统一政权,还要培育社会共识。忠孝是古代中国从上到下,君民共同遵循的社会共识。“孝”是维系以家为生产单位的家长制的最高原则。“忠”则是团结多民族共同效力中央政权的稳固剂。这两者都是支持中国封建社会的精神支柱,忠孝原则贯彻中国古代社会发展的全过程。封建社会前期,“孝”的地位重于“忠”,比如汉代的皇帝的谥号都有一个“孝”字,如“孝惠”“孝景”“孝文”“孝武”,等等。直到魏晋南北朝,还是“以孝治天下”。从赵宋王朝(公元9世纪)开始,一直到清末,近一千年间,君主中央集权不断加强,臣民始终处在弱势地位,忠的地位逐渐重于孝。且不说皇帝与百姓之间的天地悬隔,统治者上层,君臣间关系,也越来越悬隔。汉唐时,君臣坐而论道,宋代开始朝廷宰相大臣不设座位,上朝时始终站着。明清时大臣只能跪着奏事,自然只能听皇帝的训示,更无从讨论问题。当忠孝两者不能兼顾,需要在忠孝两者必须选择其一时,“移孝作忠”被认为是合理的,而不允许“移忠作孝”。如果家长当了汉奸,他的子孙家属也跟着当汉奸,这个“孝”就变得毫无价值。与春秋时期的忠孝轻重刚好颠倒。《史记·管晏列传》记载,管仲青年时,从军作战经常打败仗,“三战三北”,他的好朋友鲍叔不以他为懦,理解他“家中有老母”,怕战死了无人奉养老母,违反了孝道。专诸刺王僚,要等到侍奉老母逝世后才去舍命行刺。这种例子很多,不必多举。

中国尽管民族不同,但是大家共同接受了儒家的忠孝思想。宗教信仰形成民族之间的共识。皇帝出自少数民族血统的辽、金、元、清历代王朝,都完全继承了儒家的文化传统,以忠孝为治国纲领,元、清两朝版图比汉唐时期有所扩大,儒家的忠孝观念也推广到更边远的省份。

“忠”“孝”的道理是古代圣人说出来的,但不是圣人想出来的。社会存在决定了忠、孝的坚实地位。忠孝原则成为古代中国社会至高无上的纲领,根本原因在于它符合了中国古代社会需要。大一统国家,离了“忠”这个最高信仰原则,则无以对全国进行有效管理;古代社会,孝是维系小农经济个体农民的核心原则。

1911 年辛亥革命以后,几千年的君主制被推翻了,全国长期陷于混乱,军阀割据,列强觊觎侵占中国领土。1900 年八国联军也曾试图瓜分中国。列强在非洲曾经用地图上的经纬度标志分割殖民地,有的非洲国家的国界呈直线形,这种“杰作”1900 年曾试图再演,但遭到中国人民强烈抵抗,才打消了瓜分中国的妄想。他们要在中国培植代理人,每个军阀的背后,都有某一外国的支持。与古代中国相伴生的忠孝两大精神支柱,也发生信仰危机。

传统的信念,忠的对象是皇帝,皇帝即国家,皇帝的权力来自天赐,故称“天子”。辛亥以后,皇帝不存在了,失去了皇帝,皇帝依靠的“天”也失去神圣的光环,效忠于谁?这一精神支柱垮了。有的主张恢复帝制,因为违反历史前进方向,也失败了。在战乱中农民无田可种,失去土地的农民成了流民,有的变成出卖劳动力的工人;城市也出现了现代化的工厂。田园式的生活不能维持,孝道所维护的家长制也受到冲击。

中国古代社会,一家数口,父母子女朝夕相聚,共同下地生产,回家一灶吃饭,家庭成为最基层的生产单位和消费单位。进入近代社会,农民不得不分散谋生,有的进城当工人,有的逃荒外出,有的远走他乡或流浪到海外。北方冀、鲁、豫农民多到东北谋生,号称“闯关东”;南方浙、闽、粤失地农民多下南洋,也有远到南北美洲的。旧的家庭解体了,“孝”的地位也随着社会生活的改变有所淡化。

在古代,“忠”的功能不只是为了君主,也包含维护国家有效统治的思想。“孝”的功能不只是为了家长的权威,还是维持种群繁衍的社会准则。

帝制不存在了,消逝的是君主制,但多民族的统一中国还存在;小农经济破坏了,但广大农村人口还在。家庭还是每个公民的生活生育的基点。几千年来国家要统一,成为各族人民的共识,人们一致认为统一是正常的,分裂是不正常的,叛国是可耻的。历史上的赤壁之战,诸葛亮的伐魏,苻坚伐晋,桓温、刘裕北伐,岳飞北伐,完颜亮南征,都是做统一的事业,只是由于条件不具备未能实现。中国历史上辉煌时期都在统一大国时期完成的。这在历史上是政治遗产,在文化上,是精神遗产。这份丰厚的遗产,要很好地继承,使它完善、发展。每当遇到外来侵略时,维护国家主权和领土完整的信念会爆发出无限威力。近代中国由富强陷于贫弱,以至屡遭侵略而屹立不倒,正是由于它虽弱而“大”,这份丰厚遗产成了我国立国的基础。

古代立过不朽功勋的“忠”“孝”两大精神支柱,在新形势下也要给予新的认识和诠释。

古代的“忠”,被统治者解释为“忠”于皇帝及其家族。汉朝开国皇帝刘邦宣布“非刘氏而王者,天下共击之”。帝制废除,而国土未变,古代人坚信“民不可一日无君”,我们近代人,深知“民不可一日无国”,我们要忠于这个多民族的社会主义国家。国家是维护一个族群、一个地区生存和发展的最高的基本组织。失去国家保护的民族只好任人宰割,“爱国主义”就是今天对“忠”的新诠释。将来,国家消亡,世界大同,爱国主义将自行消亡。今天,“忠”的首要意义是爱国。

古代中国是“多民族的封建君主制的统一大国”,今日中国是“多民族社会主义民主制的统一大国”。“多民族的统一大国”这个基本国情没有改变,也不可能改变。有国就要有忠,“忠”属于国家、社会、人际关系范畴。今天,“忠”的含义在延伸,旧社会的功能,要保留,有些还有所发展,比如现代企业“诚信”精神,对中国人来说,它与传统的“曾子三省”的“忠”就有着传承与革新的关系。

今天“孝”的含义要比传统的“孝”有所缩小。因为“孝”属于家庭、家族范畴。近百多年来,家庭在缩小。由几代同堂的大家庭变为夫妻两人的小家庭。与忠相反,孝涵盖范围由大变小。“孝”不再具有“天之经,地之义,民之行”的社会职责。新中国农村公社化,一家一户的小农经济生产方式消灭了,最明显的标志之一是,父母的权力比封建社会减弱了。子女与父母的地位由人格从属到人格平等。过去,男性家长一个人可代表全家,大家庭成员哪怕有几十口上百口,只有家长说了算数。现在,每个成年的家庭成员,都有一票选举权,原来家长在家庭内至高无上的重要地位正在下降。

古代“二十四孝”所提倡的“孝”道如“郭巨埋儿”“割股疗亲”“王祥卧冰”之类,在当时已不尽可行;但子女对父母的关怀,子女对父母照顾的好传统还应继承。生儿育女,不是为了对祖先尽孝道,而是个体对族群尽责任。在目前,我国社会保险制度尚不完备的情况下,暂时不能就业的青年人,无力自养的老年人,家庭对他们起着避风港的保障作用,可以缓解社会救济的压力,这一点,又与现代西方社会不同,它适应我国的国情。

几十年来我国执行一对夫妇只生一个孩子的政策,影响了整整一代人,出现了大批独生子女。独生子女结成夫妇的小家庭要妥善照顾四个老人的晚年,靠一对夫妇尽孝道来奉养四位老人,势将力不从心,是个前所未有的新问题,有待社会进一步解决。古代的“孝道”规定的有些条文,在现代社会缺少可操作性,如“父母在不远游”,“三年无改于父之道”已无法做到。“孝”已不再理解为“天之经,地之义,民之行”,“无后”不能认为“不孝”。古代的规定,有的会自然消失,有的要用新的规范取代。

现代社会的生活节奏加快,家庭离婚率逐年增高,离婚后,留下的单亲子女也随着增加。出现大量有父无母或有母无父的子女。社会上非婚子女也有增加的趋势。“孝”的社会功能比古代减弱了,所涵盖的范围要比古代缩小了,因为家的生活范围缩小了。人们经济生活、政治生活、社会生活、家庭生活都面临着前所未有的剧变。我们不认为世道变坏了,“人心不古,世风日下”,也不认为只要恢复传统道德,社会就会变成盛世,这样未免把复杂问题看得简单化了。儒家文化传统中有精华,但要进行清理总结,要有新的诠释。

儒家流行了几千年,成为中国传统文化的主流,起着重大作用的并不是只靠当年孔、孟讲过的几句话,而是由于历代贤哲为了适应他们的新时代所做出的新诠释。汉代董仲舒发展了儒学,影响了古代社会几百年;宋代有朱熹对儒学又一次新诠释,又影响了中国社会几百年。

我们今天面临的社会变革的巨大深刻远非古代董仲舒、朱熹所处的时代可比。我们一方面要总结古代文化的一切优秀成果,一方面还要及时吸收改造一切外来文化的优秀成果。不能只看自己一国,还要纵观世界。时代期待我们结合中国国情,适应我国新情况,对儒学做出新诠释,构建新体系,推动文化,造福人类。

我们学术界的任务是继往开来:继人类五千年中外优秀文化之“往”,开21世纪社会主义新文化之“来”,这是前所未有的任务。学术界还有人认为社会上出现的问题是没按孔子的教导所致;也有人认为只要经济搞上去,生活好了,社会自然会好起来,传统文化可有可无。这些看法都不符合中国的实际。当前儒学研究,已引起世界有识之士的关注,已有的研究成绩显著。儒学研究已列入世界学者的课题,作为现代中国人,我们责无旁贷,理应做更多的工作。根据时代特点做出新诠释,把儒学研究推向一个新阶段。儒学研究,前途无限!

《道藏提要》第三次修订本序[①]

《道藏提要》出版以来，经历了十三个年头。这十三年间，出版了一些关于道教的专著及论文。有些专著涉及道教著作的考订，探索学术界的新成果、新看法也影响这部《道藏提要》某些论断，比如关于“太极图”的传承关系的研究就是一例。

我们编辑这部《提要》时，人手既少，条件也差，记得开始启动时，青年人还没有几个能插上手。戴景素先生不顾年高体弱，积极参加，写作“提要”时，因为书桌面积小，书多摊不开，以床代桌，坐在小马扎上工作。后来招了几名研究道教的研究生，结合他们的研究方向，分别承担了《道藏提要》部分编纂任务。他们一开始接触专业，就从阅读原著入手。在有经验的导师示范带领下，逐字逐句地阅读原著。导师规定他们安心读原著，不能“略观大意”，必须把原著逐字逐句读懂，才能动笔。为了帮助青年学者克服阅读古代汉语的障碍，我们为他们开设了古汉语翻译实习课程，帮助他们渡过阅读关，提高了阅读古籍的能力。这些幕后准备是我们培养青年学者提高专业水平的手段的一部分，实践证明，行之有效。当年的青年研究生，现在都成为这一学科的专业骨干，也开始带徒弟，有的成为独立作战的这一学术领域的统帅人才。

---

① 原载《皓首学术随笔》，亦曾收入《任继愈宗教论集》。

《道藏提要》起步艰难,“文革”以后,学界研究秩序尚未完全建立起来,因为可供凭借的材料不多。但也有其有利的条件,我们这些编辑人员,依靠我国多学科宗教研究所,这个研究所有儒、佛、道、原始宗教、宗教学原理等研究室,国外资料比较齐全。遇到有关内丹的典籍可以参照儒教、佛教的心性论,遇到讲三教报应的典籍与同时代的佛教典籍翻译传入的内容相对照,从而做出判断,不会与史实相去过远。我们还充分利用史讳学、民族学、考古学、儒教、佛教诸教典籍相比勘,力求减少判断失误。

近十年来亲眼看到青年学者茁壮成长,人才辈出,我由衷地感到高兴。高兴之余,也看到潜伏的学术病象。特别是近年来,我们学术界受到商品经济的影响,热心著书的多了,刻苦读书的少了,攻读艰深古籍原著的就更少了。有的作者急于成名,公然剽窃他人成果,攘为己有。猎享浮名的虽是个别学界败类,受实祸的却是中华民族群体!

这部《道藏提要》第三次重订出版,说明社会需要它,认为它是一部可信的工具书。我们可以向读者保证的,是资料可信,立论有据。为后来者提供继续前进的平台,作为编纂者,就心满意足了。

《老子绎读》前言[①]

研究老子的文献资料，新中国成立后，长沙马王堆发现了帛书《老子》甲、乙本，湖北荆门发现了战国楚墓竹简《老子》，为研究提供了新的材料，可以解决过去某些争论的问题，如《老子》成书年代等。但影响中国文化的并不是帛书和竹简本《老子》，而是长期广泛流行的河上公本和王弼本。因此，本书的译文依据还是王弼本。

《道德经》是老子的代表作，是先秦诸子传统文化的主要经典之一。另一部经典是《论语》。这两部著作，影响了中国两千多年。老子、孔子的思想传播影响到全世界。这里只谈《道德经》。

关于老子这个人学术界有不同看法：(1)老子生卒年及活动范围。(2)老子的这部书是否老子所著。(3)《道德经》讲的是什么。

先谈老子其人。老子与孔子同时，略早。《史记》记载，孔子曾问礼于老聃。估计老聃比孔子大十至二十岁，孔子比释迦牟尼大十岁。"五四"时期也有人根据思想内容推测，认为老子时代晚于孔子，还有人说老子比庄子还迟。也有人从世系上推算老子的八代孙，与孔子十二代孙同时，断定老子晚于孔子。

从思想内容来推算时代，有时会出现不同的结果，过硬的根据还是文献、实物。自从湖北荆门出土战国楚墓竹简《老子》，老子的时代

① 原载《老子绎读》，北京图书馆出版社（今国家图书馆出版社），2006年版。

已有了比较明朗的轮廓。我在四十多年前所提出的观点有了更有力的实证的支持。老子应是春秋时代的人。

老子对中华文化的贡献在哪些方面?

一

哲学上,提出“天道观”。这是春秋时代的热门话题。先秦诸子及其著作中,没有不讲到“天”的。春秋时代老子、孔子、墨子,到战国时代的庄子、荀子、韩非子,都讲到“天”及天道。各家从不同的角度来提出问题和解释,得出不同的结论,创立了不同的学派。只有老子的《道德经》把“道”作为最高范畴,集中阐发,提高到中国哲学史的重要地位,老子是第一人。

老子的天道观,有以下特点:

“天”是无为的,自然的,没有意志。开始对天神上帝的崇高地位提出了怀疑。

“天道”是循环的。老子是周朝的史官,与古代天文、占星术有关,“大曰逝,逝曰远,远曰反”。从天象运行规律得到启发,天道在变化,不是静止的。

他提出这种思想有它的社会背景。当时周王朝对全国失去控制,失去政治中心(天下大乱),贵族世袭制度没落,出了富而不贵的新兴阶级。社会上下尊卑、贵贱的旧秩序遭到挑战,君臣、父子关系已打乱,新秩序尚未形成。对上帝不那么迷信了,上帝的崇高地位动摇了。这种变化影响到每一个成员,敏感的知识界学术界更有深切感受。

老子的《道德经》这部哲学著作讲了些什么？

哲学不同于其他科学，哲学不负责解决一个一个的局部具体问题。哲学的全局观点是从老子开始的，后来不断发展丰富，才有今天的哲学。

道——混沌的，是朴素的。

道——自然的，本来就存在。

道——构成万物的原始材料。

道——无形象，肉眼看不见，感官不可触摸。

道——事物的规律。人、物、自然、社会都离不开道。

“道”是老子第一次提出的新概念，表达起来有困难，它不好描述，它是“无名”“朴”“无象”“无形”“无状之状”“无物之象”。

“道”是精神性的还是物质性的，老子本身没有深说。老子的认识已经是处在当时中国古代人类认识的最前沿。后人可以用现代人的认识来解释老子，代替老子作进一步的阐发。当年老子自己没讲清楚的问题，后代研究者注释者替老子讲得再清楚，也不能认为是老子的思想。

老子的哲学，使人从宗教、神学中初步摆脱出来，在当时是了不起的贡献。

二

老子的另一个贡献是第一个提出了“无”的概念，这是中国哲学史第一座里程碑。这个问题，过去的研究者讲得不够，这里要多说几句。

人类认识外界的过程，总是由外向内，由具体到抽象。近半个世纪以来，儿童心理学专门研究儿童认识外界的过程及其发展轨迹。经过观察、实验、比较，得出大致可靠、比较接近儿童思维成长的实际状况。一个民族思维成长的过程，与儿童成长的过程、儿童心理发展的过程大体相似，至少可以从中得到相关的昭示。

儿童认识外部世界，总是先从身边周围的事物开始，由近及远。先认识母亲及其家人，然后扩大到身外的食物、玩具，再扩大到鸟兽、草木、鱼虫等目力所及更大的范围。如高山、大河、天空、气象、风雷等外界虽在视听范围之内，并不能引起儿童足够的关注。日月星辰先被认识，日月星辰所依附着更大的“太空”，则较迟才会引起注意。朱熹（中国宋代的大哲学家）两三岁时，他父亲抱着他指天空说“天”！朱熹问其父：“天之上有何物？”这被视作特异儿童的表现，所以古人对这种事特别记上一笔。古今中外千千万万儿童，很少关心“天之上有何物”的。

近代中外儿童教育家还发现，小学生春游虽然喜欢爬山涉水，但不懂得欣赏山水风景，不关心朝晖夕照之美。人类认识过程总是由具体事物开始，由微细到宏大。儿童学习数字计算，先计算一个一个的实物，然后形成“一、二……”数的概念。先认识自然的实数。据中外数学史上的记载，“零”的概念形成较迟。因为“零”没有形象，也找不到与“零”相当的实体对象可供对照。

我们回顾中华民族的认识史，与儿童的认识成长过程居然有惊人的相似之处。

人类认识从有形开始，由具体到抽象，才形成了“有”的概念，西方谓之“存在”。“存在”的原始意义本来是“在这里”，是给你看得见的东西，是具体的有。“有”有大小、形象、颜色等，“有”有软硬、轻重、香臭等性质,“有”能得到也可能失去,各种“有”都可见闻、可感知、可推得结果,这都属于人类认识的幼年期。

人类生活实践、社会实践的不断深化,从“有”认识到“有”的对立面“没有”。“没有”是生活中经常遇到的现实。原始人打猎捕鱼,可能“有”,也可能“没有”,两者出现的频率都很高,把“没有”抽象到概念的高度,作为认识的客体对待,达到这个认识水平,只有具有先进文化的民族,才有这种可能。“没有”在未曾上升到概念时,只是一次性的客观描述,人类千百万年早已重复了无数次。老子提出了“无”,是一次飞跃。

“无”这个概念具有“有”所不具备的“实际存在”,总称为“无”。“无”并非空无一物,它与“有”都具有总括万有的品格。老子称之为“无状之状,无物之象”。它不同于“有”,所以“视之不可见,听之不可闻,搏之不可得,此三者不可致诘,故混而为一”。对这个“负概念”给以特殊的名称,有时称之为“无”;因为它具有规律性,也称为“道”。“无”也是“道”,“道”也是“无”。

老子的“无”不是停留在描述性的“没有”的阶段,“无”并不是存在消极面的,而有它实际多样性肯定的含义,有现实作用,有可以预测的后果,在日常生活、政治生活中一刻也离不开它。“无”的发现,为人类认识史上开了新生面,非同寻常。楚墓竹简书写的“无”,同一部竹简上,前部简作“亡”,后部简作“无”。这个书写的改变,并非偶然。因为“亡”含义为“没有”,后起的“无”字,则表示哲学抽象概念的出现。

《老子》一书,经过历代传人的补充完善,它从各个方面提醒人们重视“无”的地位和作用。不但要认识“无”,而且从“无”的原则来指导政治生活、日常生活及社会生活。

把“无”的原则用到政治生活，概括为治国原则：

取天下常以为无事。

我无为而民自化，我好静而民自正，我无事而民自富，我无欲而民自朴。

为无为，事无事，味无味。

圣人处无为之事，行不言之教。

道常无为。

吾是以知无为之有益。

不言之教，无为之政，天下希及之。

日常生活认识“无”的功用：

“三十辐共一毂，当其无，有车之用。埏埴以为器，当其无，有器之用。凿户牖以为室，当其无，有室之用。故有之以为利，无之以为用。”“善行无辙迹；善言无瑕谪；善数不用筹策；善闭，无关键而不可开；善结，无绳约而不可解”。

政治生活也离不开“无”的指导：

生而不有，为而不恃，长而不宰。

“爱民治国，能无知乎”；“明白四达，能无为乎”？

老子由“无”衍生出一系列否定概念的积极含义：

“绝圣弃智，民利百倍；绝仁弃义，民复孝慈；绝巧弃利，盗贼无有”，“见素抱朴，少私寡欲”。

处理人际关系，要遵循“无”的原则，以退让、收敛为原则：

“不自见，故明；不自是，故彰；不自伐，故有功；不自矜，故长”。“夫唯不争，故天下莫能与之争”。

老子思想深刻可贵处在于从纷乱多样的现象中概括出“无”这一负概念，把负概念给予积极肯定的内容。老子的“无为”，不是一无所为，而是用“无”的原则去“为”。所以能做到有若无，实若虚，以退为进，以守为攻，以屈为伸，以弱为强，以不争为争，从而丰富了中国古代辩证法思想，建立了中国古代贵柔的辩证法体系，与儒家《易传》尚刚健为体的辩证法体系并列。儒道两家这两大体系优势互补，和而不同，丰富了中华民族辩证法文化宝库。

人类认识总是从旧的认识的基础上提出新见解。新见解对旧知识来说是进步。还应指出，死守此新见解不变，往往妨碍更新见解的出现。《荀子·天论》指出“老子有见于屈，无见于伸”。老子发现了“无”的价值，把它提高到应有的地位，是老子的贡献。如果把“无”的作用无限夸大，超过极限会走向荒谬。比如老子指出建房屋供人使用的地方是墙壁中间的空虚部分，房屋的实用价值在于它的空间部分。如果把墙壁、梁柱、砖、木看成无足轻重，毫无使用价值，这所屋子就建不成，成了无墙无柱的一片开阔地，房子也就不存在了。

总之，老子发现、提出了“无”是一大贡献，功不可没。他的贵无，是肯定生活而不是消极避世，不是怀疑论。战国末期，出现了黄老学派，讲治道，重刑名，在战国后期民生凋敝的时期，起了安定社会、恢复生产的效用，形成黄老无为思想，汉初实行了几十年，“文景之治”，古称盛世。无为思想对恢复生产，安定社会，医治战争创伤，效益至为明显。黄老派不同于老子，讲无为之外同时讲刑名，刑名之学是法家思想。司马迁把老子与法家并列，撰写老子与韩非同传，遭到后人的批评，认为分类不当，但也事出有因，二者确有内在的联系。

三

人之生也柔弱，其死也坚强。万物草木之生也柔脆，其死也枯槁。故坚强者死之徒，柔弱者生之徒。是以兵强则灭，木强则折，强大处下，柔弱处上。

上善若水，水善利万物而不争。处众人之所恶，故几于道。居善地，心善渊，言善信，与善仁，正善治，事善能，动善时。夫唯不争，故无尤。

老子认为水最接近“道”。他列举生活中与水的品格相近或相似的多种现象做比喻。

居住要像水那样安于卑下；存心要像水那样深沉；交友要像水那样相亲；说话要像水那样真诚；为政要像水那样有条有理；办事要像水那样无所不能；行为要像水那样待机而动。正因为他能像水那样与物无争，才不犯过失。

水向人们启示柔弱胜刚强的道理：“天下莫柔弱于水，

而攻坚强者莫之能胜。其无以易之。弱之胜强，柔之胜刚，天下莫不知，莫能行。是以圣人云：受国之垢，是谓社稷主。受国不祥，是谓天下王。正言若反。”

天下没有比水更柔弱的东西。而攻击坚强的力量没有能胜过它的，因为它的力量无可取代。弱之所以能胜强，柔之所以能胜刚，天下没有人不懂，就是没有人能照着做。因此，圣人说承受全国的误解，才算得上国家的主宰；承担全国的灾殃，才能担当国家的君王，正话像是反话。

道的功能表现在柔弱，其运行规律是向反的方向运动，贵柔弱的辩证法是弱势群体的辩证哲学。

老子贵柔原则指导用兵，则后发制人；用于作战，则以逸待劳；对强大敌人，则避实就虚。这种深刻的辩证法充分体现了我国古代农民求生存的经验总结。老子取的例子也多来自农业生产实践，经常以草木、农作物做比喻，特别是南方水稻产区的农民经验。把水的种种品格予以抽象提高到哲学思维的高度。指出水的品格，性格趋下，说它弱，它最弱；说它强，它又最强，冲决堤坝，冲倒大树，洪水挟带泥石流的巨大破坏力，可以带来灾难性破坏。

我国共产党领导的红军发明游击战，用劣势兵力战胜强敌，逐渐壮大。后来大规模的抗日敌后战争，抗美援朝战争，都曾继续发挥以弱胜强的战略思想，仍可看到老子的柔弱辩证法的影响。这种军事辩证法思想在八路军、新四军以及后来的人民解放军中得到普遍推行。高明的理论在文化不高的士兵中容易理解和运用，主要在于我们当年的士兵是穿上军装的农民，一听就懂，一学就会。

四

老子《道德经》是一部讲伦理道德的著作吗？我们说，基本上不是，这是一部空前的哲学著作，而不是伦理学。它是以生活实践为切入点，引导人们进入高度抽象思维境界，告诉人们天道变化、万物发展变化的总道理。老子的“道”是天地万物普遍遵循的总原则，而不是教人做一个循规蹈矩的顺民。老子也讲到治理国家的问题，那就是“无为而治”的方针政策，要点是不扰民，与民休息，减轻人民负担。民之难治，“以其上食税之多”。老子指出用刑罚治国，不是好办法。“民不畏死，奈何以死惧之”。他希望百姓都能做到“甘其食，美其服，安其居，乐其俗，邻国相望，鸡犬之声相闻，民至老死不相往来”。他描绘出的农村百姓过的是一种宁静、自给自足、安适的田园生活。从这里也可以看出老子反映我国古代小农生活的理想画卷。

老子说的“小国寡民”不是主张回到原始公社社会，他说的“国”不是现代的“国家”。春秋战国时，“国”指城镇居民区。孟子说齐国一个乞讨为生的人，早上出门，“遍国中无与语者”，这显然不是指齐国全境的国。老子讲到“圣人治天下”的“天下”，才是后来人们理解的国家。“小国寡民”，是说基层单位要小。古人的“天下”不是今天的“世界”或“全球”的概念。

老子的《道德经》，把治天下看作头等大事，伦理学放在第二位，所以说：

> 失道而后德，失德而后仁，失仁而后义，失义而后礼。

夫礼者，忠信之薄而乱之首。

这是说，失去了道而后才有德，失去了德而后才有仁，失去了仁而后才有礼。礼这个东西，它是忠信的缺失，是大乱的祸首。

老子反对“仁”，认为“仁”并不是最高境界，这一点恰恰与孔子相反。他说“天地不仁，以万物为刍狗，圣人不仁，以百姓为刍狗”。天地无所谓仁慈，听任万物自生自灭。圣人无所谓仁慈，听任百姓自生自灭。

又说“大道废，有仁义”，“绝仁弃义，民复孝慈”。

“生而不有，为而不恃，长而不宰”。治国的良方就是让百姓自由自在地在此生活，君主不干涉。所以《老子》不是一部讲道德、说仁义、有关伦理修养的书，而是讲世界观的书。所以他说“大道废，有仁义”，仁义不是最高追求的目标。

老子说：

太上下知有之，其次亲而誉之，其次畏之，其次侮之……

功成事遂，百姓皆谓我自然。

意思是说，高明的统治者，人们仅仅知道他的存在；其次的统治者，人们亲近他，称赞他；更次的统治者，人们畏惧他；最次的统治者，人们轻蔑他。

老子思想是中华文化的瑰宝。中华高度文明起源于春秋战国时期。这个时期正是全人类发现了自我，运用高度抽象思维，走向高度文明的时期。西方的古希腊文化，出现了苏格拉底、柏拉图、亚里士多德；古印度次大陆出现了释迦牟尼，创立了佛教；中国出现了老子和孔子。欧洲、印度和中国三支文化是在相互隔绝的状态下，各自成长起来的。东西方的前进步伐不约而同，历史证明文化起源的“多元化”这一事实。宣扬文化源头只能出自西方的言论，不是出于无知，就是别有用心，因为这不符合事实。

《老子》文约而义丰，有很多精到的见解，值得很好钻研。

有五千年文明的中国，流传广泛的哲学流派不少，号称百家，其实只有两家，一个是儒家，一个是道家。儒家受到朝廷的重视，后来成为指导人们政治生活的国家宗教（儒教），孔子被尊为儒教的教主，皇帝到孔庙也要参拜。另一流派的老子，它的社会基础是农民。道家成为在野派的主流。老子后来也被道教推奉为教主，或称为太上老君。老子一派以广大小自耕农为其社会基础。

自秦汉到今天，两千来年，中国一直是一个多民族的统一大国。这个多民族的统一大国，必须把千千万万农民的生活安排妥当。农民平时老实、驯服，听从政府的支配，为国家负担租税及劳役。一旦逼得活不下去时，也会揭竿而起，把王朝推翻，成为改朝换代的主力军。西汉、明朝都是农民起义直接当上皇帝。东汉、唐朝、清朝，是利用农民起义打倒前朝后，乘机当上皇帝建立新王朝的。总之维持一个统一大国，既要保持中央政府的有效统治，又要安抚个体小农的生计。中央政府及农民的关系调整得适当，就会出现历史上所谓的“太平盛世”。

因此了解中国的文化、历史、经济、政治，离不开孔、老两家。

直到新中国成立后五十多年的今天，仍然要用全力来解决“三农”问题。“三农”问题解决不好，社会的基础就不牢固，中国建设现代化就难以实现。

迄今为止，老子所提出的为政不要过多的干扰，乱出点子，让农民自然生生发育，在稳定中进步，仍值得借鉴。喜欢多出主意，老百姓不欢迎，社会主义建设就会受阻。

老子提出无为，少生事，不要自高自大，柔弱谦下的处事、处人的方式，仍有参考借鉴之处。

老子用诗的语言表达深邃的思想，善于正话反说，善于用浅显比喻说明深奥的道理。老子文风有诗意，文体也常用诗的语言。《老子》在全世界有多种语言的译本，每一种语言又有多种译本。从1956年第一次译成现代汉语出版以来，已出版不下十几种译本。这几十年间，我自己仍然不断修改研究，现在这个译本是我九十岁时修订本。如果再过几年学有长进，也许还要再行修订。

我们以一个穷国，取得现代科学和军事的成就。在外国靠资本的原始积累。资本原始积累，外国靠掠夺殖民地，从对外战争中勒索赔款。前者如英、法等国，后者如沙俄、日本。我们走向现代化，靠的是自己的积累，出自广大农民无偿的奉献，出钱出力，甚至付出生命。

有名的英雄可爱可敬，是学习的榜样。还有更多的默默奉献者也是英雄，他们就是几亿农民，值得永远纪念。

反映农民呼声最早、最系统的是《老子》。

“生也有涯，学无止境”，这是我的座右铭。《老子》译文不断修改，是我对待生活的态度。学无止境，永远不知足。

《老子绎读》后记[①]

1956年，我接受了为东欧保加利亚到北大读书的留学生讲授中国的"老子"哲学的任务。首先要有适当的教材。当时北大图书馆的外文译本有英译本十来种。我看了，都不大满意，有的把原文理解错了，有的不知所云。于是只好自己先把它译成现代汉语。外文译本也都是译成现代外语的。

在讲义的基础上，修改、参照历代注释，整理出版，称为《老子今译》。最先由古籍出版社出版。

后来，在中国哲学史教学中，发现《老子》哲学的重要性，非同寻常，对《今译》有所修订，在上海古籍出版社出版了《老子新译》。这时在湖南长沙发现了帛书《老子》甲、乙本。文字上有所差异，有助于理解《老子》。

又过了几年，四川巴蜀书社约我主编一套"哲学古籍全译"，计划从先秦到明清，选出一系列的重要典籍译为现代汉语（可惜由于各种原因，这套书未能全部完成）。我又把《老子》重译了一次，书名为《老子全译》。

马王堆帛书本，体现了汉初《老子》书的面貌。后来湖北荆门楚墓出土竹简本《老子》甲、乙、丙本，写成约在公元前300年，它体现了

---

① 原载《老子绎读》。

战国时期的《老子》面貌。我决定对《老子》作第四次翻译。

凡是翻译，必然加进译者的解释或阐发，古文今译，中外文互译，译文经常比原文的字数要多出约四分之一到三分之一。

“绎”，有阐发、注解、引申的含义，每一次关于《老子》的翻译都伴着我的理解和阐释，因此，这第四次译《老子》称《老子绎读》。

每一个民族都有自己的文化，各民族文化都丰富了人类文化宝库。但不是每一个民族都有自己的哲学，没有文字的民族产生不了哲学。地球上人类存在了二百万年，有哲学才不过三千年。

现在有世界影响的哲学思想共有三个原型体系，一个在欧洲，两个在亚洲（印度次大陆和中国大陆）。三个哲学原型体系，分别孳生出众多的哲学体系和流派。

西汉版本的《老子》和战国时期的《老子》，字句以至段落与今流行本有差别。这些差别，是研究老子必须关注的。比如《老子》的“大器晚成”，马王堆本作“免”成。按《老子》原义及上下文“大音希声，大象无形”联系起来看，“免成”更符合《老子》原义。魏晋时期王弼所注《老子》按“大器晚成”作注，“大器晚成”已在社会上流行了一千多年。

曹雪芹的《红楼梦》，生前只写完了前八十回。高鹗后续四十回，即今天流行的一百二十回的世界名著。这一悲剧结构的小说，震惊了中国文坛，也震惊了世界文坛。有些研究者专家们指出后四十回文学修养和语言文字运用比前八十回逊色得多。红学家的研究成果斐然，有目共睹。《红楼梦》之所以成为文学史的丰碑，并不是只靠前八十回，而是通行的一百二十回本。《老子》的研究，也有类似的情况。

我的译本不是根据古本、善本，而是以社会流行广、影响大的王弼本为底本。战国时期的《老子》、汉初的《老子》的基本思想已定型、成熟。因为中国传统文化的经典著作,并不是那些善本、古本等稀见的版本,而是通行本。

哲学包罗万象,哲学的理论是高度抽象思维的精神产品,好像与现实生活不那么密切。但是越是高度抽象的哲学,它的根基却深深地扎在中华大地的泥土之中。

研究老子哲学,不能脱离中华大地,离不了中国的十三亿人民,也离不开全世界六十亿人民共存的现实世界。

为了适应不同读者的需要,书中《老子》原文和注释采用繁体汉字,每章的内容提要和译文则采用简体汉字。

2006年7月

哲学社会科学关系国家和民族命脉[①]

——《续修四库全书》出版的重大意义

《续修四库全书》这样大的一项文化工程几年内竣工，这是文化出版界的盛事，值得祝贺。

《续修四库全书》是清朝《四库全书》的续编。讲到《续修四库全书》，不得不提到乾隆“四库”。当时正逢乾隆盛世，政府集中全国人力，用了十年时间才完成了这一套大书。它涵盖了中华文化的全部内容。按当时的科学分类标准，学问不出经、史、子、集四大门类。这部大书反映了清朝国力昌盛，人文科学、社会科学繁荣的实际情况。

“五四”时期，一些学者对《四库全书》评价不高。这是事出有因的。清朝以少数民族统治了广大地区众多民族。清朝皇帝发现汉文典籍中有涉及民族问题的记载，便做了删改，这是乾隆皇帝做的一件蠢事。自从有了印刷术，一部书不会只印一部，即使《四库全书》不收，还有其他版本流传。这部大书汇集了很多有价值的学术著作，给后人留下有用的资料。其优胜之处，也不应忽视。

《续修四库全书》数量大，品种多，它反映了乾隆以后二百年来学

---

① 原载《中国图书评论》2002年第6期，题目是《〈续修四库全书〉出版的重大意义》。

术著作的新成果。我们采用现代印刷手段，编辑人员也比乾隆修书时少得多。《续修四库全书》，避免了“四库”的损失，短期完成这项宏大事业，很了不起，它将载入中国出版史。

乾隆皇帝用全国人力，十几年才抄写成七部书。今天我们编的《续修四库全书》为成千上万的读者提供方便，它的社会效益更远远胜过乾隆“四库”，我和大家一样十分高兴。

高兴之余，又不得不引起一些忧虑。近年来，我接触到的不少青年学者（包括学生、教师及某些研究生的导师），生活在书籍的海洋里，却沉不下心来读书。不读书而喜欢写书。才思敏捷的，一年之内写它三五本，毫不吃力，写得又多又快。现代信息方便，从网上下载，连缀成篇，著作后面附有长长的参考书单子，令局外人莫测高深。当年我带研究生时，要求学生必须掌握第一手材料，读不懂原著不能写文章。这几年风气大变，有些教师考核研究生，只要求他每年写多少篇文章，还要发表在某一级别的刊物上。这就助长了浮躁学风。我们的出版界，对学者作品不按质论价，而是按字数计酬。长而空的文章有了市场。

我现在只说文科（哲学、社会科学）。文科研究的对象是人，是社会。最能体现一个国家和民族的品格的是哲学和社会科学，它关系到民族和国家的命脉。

哲学、社会科学的成绩，短期看不出效果，它的弊病的潜伏期也较长，其症状不会当时发作。正因为哲学、社会科学有这种持久性的特点，它们的作用往往被忽视。

以史学为例，前人说过：“亡人之国者，必先亡其史。”史学关系到国家的存亡。从反面来看，也许更清楚。日本当年占据我国东北，禁止中小学生学中国史；越南沦为法国殖民地后，法国禁止越南人学习越南史。日本近年几次修改他们的历史教科书,有意掩盖二次大战时期日本侵略邻国的罪行。可见社会科学是国家兴亡之学,民族盛衰之学。

自然科学落后要挨打,早已引起人们的关注,哲学社会科学落后也要挨打,甚至亡国,似乎还未引起更多人的关注。

《续修四库全书》中绝大多数典籍属于哲学、社会科学领域的资料。我希望这部大书得到充分利用,发挥其社会效益。这是一个老教师发自内心的祝愿。

为《四库全书》正名[①]

经国家有关部门批准，商务印书馆将印行国家图书馆所珍藏的文津阁本《四库全书》，这是中国出版史上的一桩伟业，更是中国文化发展史上的一件盛事。

对文津阁本《四库全书》的出版，中国出版集团和商务印书馆组织专家队伍进行了多次学术论证，大家一致认为，无论是从文物保护还是学术研究考虑均有出版的价值和必要。我们国家图书馆也表示大力支持。现借这次出版之机，我谈三个方面的问题：

十多年来，国家图书馆专门组织人力对文津阁本《四库全书》和文渊阁本进行比较研究。杨讷先生带领助手们一页一页、一卷一卷、一书一书地对比，花费了大量的精力和时间，发现两阁本差异很大。从书名到篇、卷、从收书到版本等都有歧异，文字上的差别则更多。这种差异或区别大大出乎原来的想象。就目前初步的研究来看，两阁之间差异较大，不同的阁本有不同的价值。因此，我们率先安排将集部中文渊阁本所没有的文章内容刊刻为《文渊阁四库全书补遗（集部）》，共达十五册之多。这还不包括个别的文字差异。此书的出版，给学术研究带来了很大的帮助。这当然还很不够，全部印行才是办

① 原载《中华读书报》2003 年 8 月 13 日。后曾以《中国文化发展的一件盛事——为影印文津阁〈四库全书〉鼓与呼》为名，刊载于《文津阁四库全书》宣传册，商务印书馆，2003 年版。

法。我们应该认定其作为阁本的地位和价值，文渊阁本是不能取代文津阁本的，文津阁本《四库全书》具有特殊的内涵，这一点尤其值得我们的重视。至于为什么会形成这样大的差异，还有待深入细致的研究。全部印行是最好的体现。我相信，学术界会翘首以待。

尽管学者们都在用《四库全书总目》，但对《四库全书》本身各种评价差异较大。做学问的人著述一般也不引用《四库全书》作为版本依据。这里面的原因很复杂，主要是认识上的误区。我认为，过去学术界、文化界对《四库全书》的批评性意见过多，过激。所以，我认为有必要趁此机会为《四库全书》做一些“正名”工作。

无论如何，《四库全书》的编纂是一项前无古人的文化伟业，迄今为止，她也是最能代表中华文化博大精深的载体。二百三十多年前，乾隆皇帝依托鼎盛的国力和个人的雄心，费去十余年的心力，动员全国成百上千的优秀学者的力量编成此书，这在世界文化史上是无可比拟的。《四库全书》为学术文化界所诟病、诋毁之处是其禁书、改书。说到禁书，这实际上是历代封建王朝皆有的事情，历代统治者莫不为之，在《四库全书》编纂之前、完成之后，亦皆有之。实际上，这是两回事，不能说与《四库全书》的编纂有必然的因果关系。当然，两者是有因果关联的。至于删改典籍，这恐怕也不是乾隆皇帝一个人的专利。乾隆皇帝从政治需要出发，对许多文献进行删改，其实也是符合历史逻辑的，这是历代统治者所惯用的做法。我们不能因噎废食。《四库全书》的编纂集中了当时众多的著名学者，他们的判断力和学识对《四库全书》的贡献非常巨大，仅从《永乐大典》中辑出的佚书就有三百多种，这本身便是一项了不起的贡献。我们应该充分挖掘出蕴藏在其中的学术文化价值，简单、粗浅地否定这样一桩举世皆知的文化伟业不是狂妄，便是文化虚无主义。值得注意的是，许多否定

《四库全书》的人，大多对《四库全书》本身没有多少了解，但往往攻其一点，不及其余。其所发表的评论也多耳食之言。真正研究过《四库全书》的学者，反而对《四库全书》十分的重视。像陈垣先生就是一例。

因此，从历史的角度认识《四库全书》的编修，从学术的需要深入了解《四库全书》自身的价值，对今天的学术界来说是十分必要的。所以，“正名”之说并不过分。

商务印书馆和国家图书馆的姻缘从两家创立伊始便发生了，二者都是中国传统文化走向现代化的先驱，同时又都在不遗余力地弘扬和保护传统文化。值得介绍的是，商务印书馆从文津阁本《四库全书》于1915年拨入本馆起，就谋求刊刻。20世纪二三十年代，张元济先生便一而再、再而三地希望将其刊刻出版，或欲与政府合作，或欲独立运行，只是因时代及政治等各方面的原因而始终未成。20世纪30年代商务印书馆所刊行的《四库珍本初集》，是《四库全书》成书以来出版印行的第一次。不过，囿于当时的条件，《四库珍本初集》也有它的不足，一是选用文渊阁本为底本，一是选印量仅有全书的二十分之一。当然，众所周知，20世纪80年代，台湾商务印书馆始得以印行全套文渊阁本《四库全书》。虽然是两家机构，但属于同一个品牌。今天，商务印书馆踵事增华，刊行文津阁本，既是赓续其历史的承诺，又有更为重要的文化意义，那就是两阁并行于世，化百成千，不再拘于深藏密封，既大大便利于学术文化界取资，也对建立和推动《四库》学研究起到根本性的作用，其意义与价值是不可估量的，也是百年商务追求文化理想的完美体现。

我们可以期待，文津阁本《四库全书》的出版不仅是一件有历史性意义的大事，也必将让世人更加深切地体会到民族文化的伟大与辉煌。所以，我谨为此巨制的问世可期而鼓与呼。

《四库全书研究文集》序[①]

清代乾隆年间编纂的《四库全书》是一项史无前例的巨大文化工程。这部名举中外的大型丛书，汇集了中国古代乾隆以前的主要文化典籍，长期以来被人们誉为“传统文化之总汇，古代典籍之渊薮”。许多学者都将它与长城、京杭大运河联系在一起，将其视为中国历史上最伟大的三大工程，视为中华民族的骄傲。

二百三十多年前，雄才大略的乾隆皇帝，在全国范围内发动了历史上规模最大的一次征书活动，又动员了全国三百多名优秀学者，以十余年的心力，编成《四库全书》，同时还附带编纂了《〈四库全书〉总目》《〈四库全书〉简明目录》《〈四库全书〉考证》等一些极富史料价值的书籍，这在世界文化史上都是无可比拟的。《四库全书》修成后，乾隆皇帝又谕令将《四库全书》抄成七份，分别藏于紫禁城的文渊阁、沈阳故宫的文溯阁、圆明园的文源阁、承德避暑山庄的文津阁、扬州的文汇阁、镇江的文宗阁和杭州的文澜阁，起到了“嘉惠艺林，启牖后学”的作用。可惜，在《四库全书》修成后的百年之间，先是“南三阁”中的扬州文汇阁和镇江文宗阁毁于太平天国，相继是“北四阁”中的圆明园的文源阁毁于英法联军，至今我们能看到的只有四阁全书，而文澜阁还是经过大规模补抄而成的。因此，对于这一笔珍贵文化遗

① 《四库全书研究文集》，敦煌文艺出版社，2005 年版。

产的保存与研究，是我们文化工作者义不容辞的责任。

20世纪是《四库全书》研究的重要时期，像陈垣、余嘉锡、杨家骆、胡玉缙等，都以毕生的精力对其进行深入的研究，其成果足以令人叹为观止，其精神也令人敬仰。20世纪八九十年代对《四库全书》的研究很是令人欣慰的，无论是大陆、台湾还是海外学者都在研究中取得了很多成果，而且研究面也越来越宽。有不少学者开始提出"四库学"一词，以便促进《四库全书》研究的进一步发展，这在学术发展上是一件好事，希望能继续保持并进一步发扬。然其中仍有不少问题需要我们去解决，我在《为〈四库全书〉正名》中曾提出各阁《四库全书》存在着差异问题，还有待"四库学"者做深入细致的研究。

甘肃省图书馆从20世纪60年代开始负责文溯阁《四库全书》的保存工作。近四十年来，该馆为文溯阁全书的保管与利用做出了巨大的贡献，同时还积极地组织一批专家学者对《四库全书》作深入的研究，不断取得新的成果。在文溯阁《四库全书》迁居新藏书楼之际，又总结了近二百年来的优秀论著，从上千篇文章中精选出七十余篇清末民初至20世纪90年代以来的优秀研究成果，编为《四库全书研究文集》予以付梓，这是对"四库学"研究成果的一次很好的总结。文集的出版必将推动《四库全书》研究的进一步深入，也会对中国传统文化的研究起到促进作用。

谨以此序期待"四库学"研究有更多新成果问世，中国传统文化的研究更上一层楼！

《国家图书馆藏敦煌遗书》序[①]

1900年敦煌藏经洞被发现，公之于世。国家为了制止珍贵文物继续流失，把余下的敦煌遗书交给京师图书馆（即今中国国家图书馆）保管收藏。1922年，陈垣先生主持整理《敦煌劫余录》；同年，胡鸣盛等先生对这些敦煌遗书继续整理、编目，做了大量工作。中国国家图书馆的这批敦煌遗书，部分曾以缩微胶卷的形式公布，但缩微胶卷有不少不足之处；部分从未公布，不为人们所知。今天全部公之于众，给世界文献宝库增添新的内容，意义非同寻常。

新中国成立后，1982年，国家制定古籍整理规划，大规模、有计划地对中国古籍进行全面评估，制定规划。佛教、道教古籍也在规划之内。先着手编订《中华大藏经（汉文部分·上编）》。中国国家图书馆所藏的一万多号敦煌遗书中，绝大多数为佛教典籍（汉文以外，尚有藏文等其他文种）。有很多为历代藏经所未收。《中华大藏经（汉文部分·下编）》已决定收录这一部分珍贵资料。

我们自己几千年的历史经验证明，建立新国家，首先应该发展生产，接着就是文化建设、思想建设。中国古代最强盛的时期首推汉、唐。汉朝建国七十多年以后，经过四代人的努力，创建了灿烂的汉代文化。唐朝盛世号称贞观之治，当时主要在于恢复生产，真正富强是

---

① 原载《古籍整理出版情况简报》2006年第7期，总425期。《国家图书馆藏敦煌遗书》，北京图书馆出版社，2005年版。

在唐玄宗开元时期,也经历了四代人的努力。清朝的文化繁荣在乾隆时期,经历了顺治、康熙、雍正三代,近百年之久。

新中国建立刚五十多年。目前我们正处在承先启后、继往开来的伟大转折时期。我们已经进入了21世纪,这将是经济有长足发展、建设有中国特色社会主义、多民族统一大国取得成效的时期。我们“继往”,继承的是五千年文明灿烂之往;我们“开来”,开创的是五千年从未有的社会主义新文化的未来。

时代赋予我们的使命是建设21世纪,为创建新文化准备充足的思想资料。只有我们所处的新时代,才有可能摆脱前人的局限,吸收古今中外前人的一切有价值的遗产,敦煌遗书的佛教文化当然应当受到应有的重视。

从事敦煌学研究的研究者遍布于全世界。外国学者同中国学者比较,他们对中国历史、社会、风俗民情毕竟隔了一层,难免受到一定的局限。中国学者对敦煌学研究,前几年人数较少,国内的外部条件尚不完备,显得不及外国热闹。随着中国经济发展,政治安定,教育制度改善,我国有计划地培养青年专家学者,涌现出大批有才干学识的中青年学者。他们有中国传统文化的基础,又有现代科学的训练,有对祖国文化的爱国热情。从近十年来已发表的学术论著来看,中国学者从事敦煌研究已形成群星灿烂的学者群体。各种学科门类齐全,著作的质和量都已达到相当水平,有些领域已超过外国专家学者的造诣。

建设中华民族文化,主力军只能依靠中国人自己。客卿有他们的优势,可以联合并肩前进,主力还得靠我们自己。外国学者根据他们的兴趣,依托有关财团资助,可以完成某些专项课题;但他们没有建设中国新文化的任务,历史主义的研究方法也难以被他们接受,在研究方法上有他们的局限。

新学科的建设,离不开新材料、新手段的发现。敦煌千佛洞石室藏书的发现,引发出敦煌学。但是还应指出,一种新学科兴旺发达,主要在于时代的需要、社会的需求。近代自然科学的兴起,动力在于大工业的兴起。西哲有云,一种学说在某国流行的程度,取决于这个国家需要的程度。历史证明,这种看法有道理。敦煌学已有近百年的历史,而敦煌学的大量成果出现,大批学者成长,主要在于符合祖国文化建设的需要。“需要”是主观的要求、个人的需要,如秦皇汉武求神仙不死之药,即使有强有力者的推动,也没有生命力。如果出于民族的需要、历史的需要,这种群体的需求却反映着客观实际状况,它具有客观独立的实力。如历史上王朝的兴亡,无非民心的向背。新中国成立以来敦煌学的兴旺,完全是适应祖国文化建设的需求必然出现的景象。

近百年来,中外学者在敦煌研究方向——民族学、宗教学、文学、艺术、语言学、音韵学、古代社会经济、历史考订诸多方面都有可观的成绩。

敦煌学研究还有待加强,综合研究的体制尚未确立。近百年来,对佛教以外的文书用力较多,而对占总量百分之九十以上的佛教文书,投入的人力相对较少。敦煌文书分散在世界各地(主要集中在伦敦、巴黎、彼得堡及北京四处,散在世界各地及中国各地区也还不少)。我们今天已有条件,采用现代科学手段,用电子技术,把分散在各地的敦煌文书作为信息资源集中起来;把过去无法整合的卷子,尽可能使它得到缀合,恢复原貌;把敦煌资料与有关史书、考古实物综合考察;把民俗记载与现实民族调查综合对比;把佛教与同时流行的道教、祆教、摩尼教对比研究,汉传佛教与藏传佛教对比研究等等。

这一切工作都是为了一个共同目的——为建设中国的新文化提供丰富可靠的资料。

敦煌遗书发现于祖国河西走廊，涉及民族主要是汉、藏等几个民族，时限只有东晋到北宋几百年。所保存的文献资料，有完整的，有不完整的，在整个中华民族文化宝库中，不过是一个局部和剖面。这已经引起举世瞩目。世界学者研究了近百年，解决了疑难问题的一部分。整个中华民族遗产比敦煌遗书不知要丰富多少倍，只是由于人为战争和自然灾害，没有很好地保存下来，因而敦煌遗书更加珍贵。可以毫不夸张地说，中华民族历经千劫百难，屡踣屡起，屹立于世界民族之林，不能不承认它有根基深厚、源远流长的文化传统。

我们出版中国国家图书馆馆藏敦煌遗书，是为了把有用的珍稀文献公诸天下，为新中国、为全世界做出应有的贡献。世界上的文明古国，有的衰落，有的不复存在，只有中国这个文明古国，古而不老，旧而常新。

此次影印《国家图书馆藏敦煌遗书》，不是简单地影印翻拍，我们对每件遗书，冠以条目式的简明目录，除了描述式的介绍外，还有涉及卷子的内容。因此，每一篇遗书都注入研究者的心力，力求向后人、向世界提供可以信赖的第一手资料。力图不让后人费第二遍补正之劳。实在不能解决的，宁可缺文，以待后贤。不敢强不知以为知。

敦煌遗书庋藏在英、法、俄三处者，近二十年来，均已先后影印出版向世界公开。人类文化遗产资源共享，是学术界的共同愿望。由于诸多原因我国所藏的敦煌遗书只公布了很少部分，迄今研究敦煌学者未能窥见全貌。敦煌遗书虽源于中国，一旦成为世界文化遗产，它就是人类共同的精神财富。珍贵古籍，作为文化的载体，具有双重身份，既有文物价值，又有知识教育价值。本书的出版，力求为研究者提供一些阅读方便。几十年前陈垣、胡鸣盛等前辈敦煌学者所致力的，也是我们这一代人所关注的。

我们坚信一条真理，社会进步靠发展生产，文化繁荣是生产发展以后必然的结果。中华民族蒙受着屈辱进入20世纪，敦煌遗书的发现正值八国联军入侵中国之时。经过几代人的努力，中国人民站起来了。我们正满怀信心地为建设有中国特色的新文化而在各自的岗位上尽力。路虽长，靠我们自己走，问题复杂，靠我们自己群体解决，我们的路子会越走越广，前途光明无限。

修订本“二十四史”及《清史稿》的现实意义[1]

——接受《光明日报》记者采访谈话

每一个国家、每一个民族都要有自己的根，这个根就是历史。中国的历史记载五千年，代代相续未曾断绝。这在世界上是独一无二的。这值得每一个中国人自豪。中国的文化有着自己独特的魅力，能够给后人宝贵的启迪。

通过史书，我们看到，中国历史上有许许多多英雄人物，有无数的发明创造。像最早发明用火的燧人氏，没名没姓，但他对文明做出的贡献被史书记载下来了。还有有巢氏，在树上搭屋，这也很了不起。人类不用在洞穴里住了，能够住房了，这可以避免潮湿，是一个很大的进步。还有伏羲氏教人畜牧，神农氏教人耕种、发展农业，开始定居。这都是很大的功劳。从中国的远古神话里可以看出，中国自古以来就具有自己的特色。古希腊关于人类开始用火的神话，普诺米修斯从天上盗火，传到人间，把用火看作天神的恩赐，中国的古代神话不是天神而是人。

我们关注的是人间，还不是天上的神。我们的进步是靠自己的努力而不是靠天。一代一代，克服困难、创造业绩的人物和事迹数不胜数。这些都被我们的史书传承下来。积累起来，就丰富了我们的

---

① 原载《皓首学术随笔》。

历史文化知识，增强了我们对中华民族、对国家的热爱。

现在中国有五十六个民族，大家和睦地生活在一起，共同构建了中华文明。从历史上看，我们区分民族关系，主要不是用血缘区分的，而是以华夏文化作为民族、文明的标准。这就是我们国家民族团结、共同进步的一个重要的原因。

孔子说：“夷狄之有君，不如诸夏之亡也。”还说：“道不行，乘桴浮于海。”两千多年前孔子区分夷夏标志是文化的认同而不是血缘的继承。

我们国家汉族人数最多，但是几千年来汉族已经融合了许多其他民族的血脉。像隋、唐的皇帝，其母系是少数民族。汉族公认的皇帝就是混血的。还有非汉族的兄弟民族做皇帝的，比如辽、西夏、金、元、清，他们并不是另外的文化传承，而是以华夏文明为骨干，他们同样读孔孟的书、讲忠孝、爱国。像元朝统一中国后，就把文庙修到了云南。在那之前，云南是没有祀奉孔子的文庙的。从史书上看，历朝历代的典章制度都是接续前朝，绵延下来的。有了共同的世界观、价值观，民族团结、融合就有了认同感。爱国主义是我们民族的优秀传统，这种文化的认同是构成爱国主义的重要内容。

我们前人早已指出，“灭人之国者，必先去其史”。可见历史传统对一个民族的重要。事实证明也是如此。香港回归以前，香港的中学教材不讲鸦片战争。日本篡改第二次世界大战的侵华史，吞并了朝鲜半岛，说是解放朝鲜人民。日本在侵华战争中建立伪政权，不让学生学中国历史。这些眼前例证，足以从反面说明学习祖国历史对我们是多么重要。

中华民族五千年来，一直生活、栖息在长江黄河两大流域，活动范围差不多等于欧洲。而且，这些人民，这块土地，五千年持续不断地发展、前进。一部中国史,等于欧洲史。但欧洲列国林立。欧洲五千年无法连贯起来。而中国的五千年是连贯不断的。这部奇迹般的历史不值得好好总结、深入研究吗?

我们的教育要加强历史教学,从小学就开始讲。小学可以以历史故事为主,到了大学再以历史规律、社会内涵学习为主。了解历史会增强对祖国的热爱,这是对青少年进行爱国主义教育的很重要的一个方面。今天修订点校本"二十四史"的价值就应该从这个高度认识。

二十八年前,历尽艰辛完成的点校本"二十四史"和《清史稿》使我们得见一代前辈学者的学术品格与水准。今天的修订工作相信也会让后人看到当代中国历史学家对于典籍延续和学术传承的责任感与学术风范。

为了提高全民的道德素质,加强爱国教育,中央向全国人民发出号召,每一个公民都要懂得"八荣八耻"。第一条就是"爱祖国"。"二十四史"向全国各族人民提供了共同的学习主修课的基本教材。从小学到大学,从基层干部到高级干部,都能各取所需,从中收取营养,我们的"二十四史"可以向全世界各国贡献出我国处理多民族共同交融、繁荣、和谐相处共同进步的经验。

评马学良等《彝文〈劝善经〉译注》[①]

彝族是我国古老的民族之一。有传统的文字和丰富的彝文古籍,记载历史、历法、谱牒、哲学思想、诗歌文学,以及原始宗教等经典,这些经典是研究彝族历史文化的重要文献资料。

这些经典主要是手抄本,刻本很少,这本彝文《劝善经》算是仅存的最早彝文刻本。书中以道家《太上感应篇》的章句为母题,于每章之后用彝文加释义与解说,全文约二万二千九百字,为今存彝文古籍中内容丰富、字数最多的一部著作。

现存的手抄本彝文古籍,多为记述原始宗教的祭经,而这部《劝善经》的内容多为宣教说理,传授知识。通篇以《太上感应篇》为题,结合彝族哲学思想、风俗习惯作释,可谓借题以发挥。名为劝善,实际是按奴隶社会和封建社会所谓善的标准说教,即宣扬忠君(奴隶主)思想、因果报应等宗教观念。该书作者尽管有他的阶级烙印,但其中也有不少破除迷信、发展生产、改革陋习、移风易俗的篇章。如旧时代彝族有病就延巫祭神、禳除。该书则劝人不要信巫师的话,有病要吃药,传染病要隔离,并且指责巫师以鬼神欺骗病人。提倡保护牲畜,向汉民学习先进思想和技术,发展生产等等,这在当时条件下是十分可贵的进步思想。

---

① 据《竹影集》。曾载《世界宗教研究》1986 年第 3 期,收入《任继愈学术论著自选集》《念旧企新——任继愈自述》《皓首学术随笔》等。

彝文《劝善经》真实地记录了彝汉兄弟民族的思想文化的交流源远流长，它从另一个侧面说明中华民族的文化是各兄弟民族共同创造的，汉族离不开少数兄弟民族，少数兄弟民族离不开汉族。

彝文古经书，多为五言诗歌体，该书打破五言体，而以浅近流畅的文笔，宣教说理，遣词造句，井然有序。因此该书也是研究彝族语言文字的重要资料。

该书是马学良教授在40年代初，在云南省彝区调查研究彝族语言文字时请彝族经师讲解，随文加以译注，但译稿迄未付印，十年动乱中译稿荡然无存。1981年马学良教授和他的助手范慧娟又与云南禄劝县彝族经师张兴、唐承宗重译此书，历时年余，全书完成。

回顾40年代时，我曾应马君之邀，去云南寻甸、禄劝彝区小住，考察云南少数民族民俗。当时马君深入彝区，与彝族同胞结下深厚友谊。寒夜荒村，一灯如豆，与几位彝文经师逐字逐句翻译此书。此情此景历历在目，回首往事，已过了四十余年。新中国成立后，党的民族政策得到贯彻，对兄弟民族文化、民族文献的整理工作，也与国运更始，彝族文化的发展已成为中华民族文化发展的组成部分。喜见此书的问世，因记其始末，以志老一辈学者开创研究彝族文献的艰苦，又为今后青年学者研究彝族文献得一指导性的著作而庆幸。

彝族文化研究的重要资料《爨文丛刻》(增订版)[①]

《爨文丛刻》由丁文江编辑，于1936年出版，约十余万字，是我国刊行的最丰富的彝文资料汇编。这部书出版后，引起国外学者广泛注意。新中国成立后，民族研究、民族调查普遍开展，国家培养了一批少数民族语文专家，不断发现新的资料，原先出版的《爨文丛刻》已不能适应新中国彝文研究新形势的需要。1982年由中央民族学院约请云南、贵州、四川彝文专家，发挥集体力量，在专家马学良先生主持下，编辑《爨文丛刻》增订版。资料由十万字增加到三十万字，还对初版误译处有所纠正，新发现资料有所增补，就原编辑中收集不当不全的资料予以调换。为了标音准确，不用注音字母，采用国际音标。1986年由四川民族出版社陆续出版上、中、下卷。增订版《爨文丛刻》比旧版更完善，为今后开展彝族文化研究提供可以信赖的资料，值得向读者介绍。

一

当人们初步把自己从自然界分离出来时，便开始文化的创造。

① 原载《文献》1990年第2期。《增订爨文丛刻》，四川民族出版社，1986年版。

文化是人类自身创造的成果，这种创造不仅仅停留在制造工具、满足生活需要，因为鸟兽也会构筑巢穴。人的创造在简单生活需求之外，还要比鸟兽的制造更多一些文饰。制作衣服，除了在于遮体、御寒，还要增加一些华丽的装饰附加物，这种附加物所费的工作量和所用的心思，甚至比原衣饰本身还要多。鸟类筑巢，兽类掘洞，从远古到现在没有多少发展。本能生活与文化生活的差别就在此。有衣穿，进一步要求华美；有饭吃，进一步要求滋味；有房子住，进一步要求壮丽。文化生活所以能够被提到日程上来，只能在生活资料比较充足以后。这个极简单的道理，就是历史唯物主义的依据。

人类本来没有宗教，社会发展到一定的阶段才有了宗教，动物就没有宗教。根据中国考古材料，人类的历史约有二百万年，产生宗教意识（不是系统的成型的）不过两万年。

宗教要解决的不是直接生产活动，它企图解决社会生活中发生的疑难问题。天灾人祸，给人们带来苦难，苦难的原因来自外部，还是产生于自己？如果来自外部应当如何消解？如果来自内部，如何求得解脱？一般说来，苦难来自外部的观点是宗教意识的低级阶段，或称为原始宗教阶段；苦难来自内部的观点是宗教发展的高级阶段，或称为系统宗教阶段。

我国西南民族地区流行的许多宗教，基本属于原始宗教。彝族的《爨文丛刻》中所反映的宗教信仰，也应归属原始宗教范畴。

原始宗教的特点是宗教活动与生产活动、文化娱乐活动混合不分。宗教活动中有集体娱乐，有欢庆丰收。殡葬死者，不单纯表示哀恸，也为后人祈福。

原始宗教既包含着迷信、崇拜，也反映着人类的追求和向往。对待有害于人类的神鬼,不光是希求它的恩赐,也有用强力使之不能为害的一些措施。

原始宗教包罗万象,涵盖人们社会生活的全部,所以这一部《丛刻》的内容值得深入剖析,系统研究。透过宗教的外衣,探求其中的十分丰富的社会、历史、文化、信仰的内容。原始宗教包罗万象,不光彝族是这样,征诸世界各国无不如此。中国的古代文化形诸简牍的如《尚书》,保存在器物上的如甲骨卜辞,都带有宗教色彩。看待历史,说明施政方针,以至建立城市、迁都、新政权代替旧政权,都离不开求神问卜。这种处处占卜,后来人看来,也许认为未免多此一举。这种行为,在当时人看来,是十分严肃的大事。因为从人类认识史的角度回顾前人走过来的道路,可以发现,这些方面正说明人类认识世界的必由之路。人们要求认识世界,改善生活环境,求得某些符合自身利益的结局,但外界事物在变化着,有些变化的结果可以预知,有的不能预知。在可知不可知之间,存在着某些偶然因素,这类偶然因素,重大的古人叫作“命运”,一般性的古人叫作机遇。命运和机遇都是一个未知数。但是人们又不甘心受未知数的摆布,要问一个究竟,这是人类不断深化认识、推动文化科学发展的内在动力。因此,神的问题也就是人的问题。求神问卜与科学追求,就其性质说,是两种对立不相容的体系,这两种体系,都共存于同一个认识主体中(即人类)。《易经》本来是占卜之书,但占卜之书,却包含着探求世界之谜、掌握未来命运的合理企求。

《爨文丛刻》分为许多章节,各有侧重,但是总倾向及其思维方式则未逸出“人神之际”这个大的范围。其中有祓除不祥的祈求,有追索世界起源的传闻,有指导生活的一些民族古训,有温习本族历史的回溯。它是彝族的“百科全书”,这部百科全书被宗教外衣笼罩着。

只要透过笼罩着的宗教外衣作进一步探索，就会是有所收获，掘进得越深，收获也会越多。

二

中国人从事翻译已有近两千年的历史。大量翻译在东晋南北朝时期。翻译的主要著作是把佛经由外文翻为汉文，由汉文翻为外文的较少。唐、宋以后，有由汉文译为藏文的。唐朝也有把汉文译为梵文的，翻为契丹、西夏文字的。明清以后，有从汉文佛经翻为蒙、满、回等文字的。由于西欧与东方接触较多，也有传教士把西方著作从欧洲文字（如拉丁文、希腊文）译成汉文的。

曾有千余年的翻译经验，究竟以什么方法为最好，现在还没有定论。总之，不外两派意见，一派主张意译，翻大意，不必与原文的字句完全一一相当；一派主张直译，主张译文与原文的一字一句都要相当。这两派都有成功的经验，也都拥有一些追随者。直到今天，这两派都有自己的市场。翻译家严复的“信”“达”“雅”原则，似乎已被广大群众所接受。三者之中，“信”与“达”尤为重要。“雅”属于修辞方面的问题，三者之中不得已去其一，只能保留“信”与“达”。这两条不能再减少了，因为信而不达，等于未翻；达而不信，等于新作。直译意译也不具有绝对的界限，有过翻译经验的人，都有这样的体会。

翻译少数民族文字的著作，为了保持信与达，还有另一层困难，有似当初魏晋南北朝时的译经情况。熟习原著文字的，不熟悉汉语；通晓汉语的，又不熟习原著文字。必须双方合作，互相补充，才能完成任务。而且语法习惯各异，一句话的叙述次序，汉语与西域方言及梵语也有所不同。古人翻译佛经,往往要有“缀文”这一道工序,先把梵文的句子中的词句照原文记下来,然后再按汉文的语法结构把它颠倒过来,服从汉文的表达方式。彝文翻译也遇到了类似的困难。《爨文丛刻》的初刊,采用丁文江先生的办法,“四行译法”。先把彝文的读音用音标注出,再把与原文相当的汉字与彝文一一相当地摆出来,最后把每句的意思照汉语习惯标出来,这种办法称为“四行译法”。(第一行是原文)这种翻译的好处是科学性强,便于从中发现问题。问题发现后,也便于及时纠正。还有一种好处,是给后来翻译者以充分发展的余地。发现字形字音如有不妥或错误,也便于查找。这种“四行译法”已得到我国民族语言翻译者的认可,并用以翻译其他民族典籍。云南丽江东巴文研究所翻译东巴经,也采用这个方法。即使目前译文质量没有达到要求,但这个成果可以给后来人提供可信的依据,后人在这个基础上便于继续前进。

三

我国为多民族的国家,几千年来,民族之间不断融合,不断取长补短,才取得今天各民族共同前进、繁荣发展的局面。

汉民族在我国人数最多,是构成中华民族主要的组成部分。汉族,并不是一开始就是今天这个样子,它也是从居住在中原地区的诸多民族长期融合的结果。秦汉以后,中国内地各民族不断融合,以华夏民族为主体,把众多民族结合起来,形成汉族。晋、南北朝时期,北方有五胡十六国,南方也有许多山地边远地区的民族,经过三四百年的融合,北方各民族逐渐形成北方文化的共同体。南方形成南方文化的共同体。南北朝后期,双方对峙的局面已不再是民族矛盾,而是南北双方两个封建政权的竞争。由于北方政权注重生产,政治管理胜过南方,最后由北方统一了南方。隋、唐两朝开国皇帝都不是纯汉族,都杂一半的北方少数民族血统。

从汉到唐,是中国文化、政治、经济十分发达的时代,达到了当时全世界高度发达的水平。这个现象反映了文化传播的规律。文化要发展、要传播是文化的本性,但传播发展,却是沿着既定的方向前进的。文化是社会生活的反映。社会发展有快有迟,总的趋势是从低级向高级。按照历史唯物主义的原理,人类社会是由原始公社、奴隶制、封建制、资本主义制,最后到社会主义、共产主义制。西方资产阶级学者有的不肯承认社会发展有规律可循,但他们也不能不承认社会在进步,人类是由穴居野处、茹毛饮血的社会进入文明社会的,经历了由低级向高级过渡的历程。

如果两种社会文化相接触,首先是引起冲突,接着是产生影响。一般情况下,总是先进的文化影响后进的文化,后进的文化接受先进文化的影响。先进文化起主导作用,后进文化容易接受先进文化中的某些因素。文化因素,既包括生活中的饮食习惯,也包括意识形态和科技知识。如果接触的双方的文化水平相差很大,高层次的文化必将对低层次的文化大量灌输。如接触双方文化层次水平相当,不相上下,它们之间则是相互吸收的关系。中国历史及世界历史都表明这个文化传播现象是普遍存在的。

贵州、云南地区,与内地交往极多,汉唐文化影响到该地少数民族文化。显而易见的如以五行学说为宇宙框架结构,以五行配五脏、五色:

造人从肾造,人肾水属黑。壬与癸相依。水来将木润,人肝属木青,甲与乙相依。木上能生火,人心属史红,丙与丁相依。火未就生土,人脾属土黄,戊与己相依。金木水火土,人依世世重,五行顺乃福。

《丛刻》的《治国论》讲述了汉光武时代君臣论治国之道,“君乃民主首,民乃君百体”,这很像汉代的天人感应的思想方法。《丛刻》还讲到“媒妁不作证,男女不成双”的婚嫁方式,可能只是社会上层贵族中的婚嫁方式,显然受了汉族的影响。

《丛刻》中保存的《宇宙生化总图》与道教流传的《太极图》很相似。《丛刻》保存了天干地支、《河图》的“五生十成”、《洛书》的“十生五成”。神的名称也与汉地流传相近,《离骚》有“吾令丰隆乘云”的说法,《淮南子·天文训》“季春三月,丰隆乃出”,彝族管云的神也称为“丰隆”,只是给加了姓,叫“张宏陇”。最明显的受汉族封建文化影响的是彝文的《劝善经》,它译自汉文《太上感应篇》,全文约二万二千九百字,是彝文中最系统最完整的指导生活的准则。

宗教思想中,还有受佛教因果报应思想的影响,命相合婚,婚礼歌中以鸿雁喻男女忠贞,与汉族婚礼奠雁有相通处。据十二生肖的生克,推论婚姻、命运等等,显然受汉文化的影响。《丛刻》中关于彝族来源传说及世家记载,《指路经》祝送亡灵沿着迁来时的道路,一站一站返回故乡,可以帮助我们了解彝族古代迁移的历史资料。

据1982年全国人口普查时统计,彝族人口为五百四十余万,现在估计应在六百万以上,这样广大人口分布在西南数省,又有自己文字的兄弟民族,对他们文化遗产的整理、研究,不但对彝族文化是必要的,对中华民族的文化史,也有重要意义。

中华民族的历史，是由众多兄弟民族之间互相促进、互相借鉴的长期过程的纪录。现状是汉族占多数，其他兄弟民族是少数。不论多数还是少数，它们都从自己的角度对中华民族做出贡献。就其贡献的意义和作用而论，都是平等的。今后还要在共同建设社会主义祖国的大目标下共同前进。研究彝族文化也是祖国文化建设的一个组成部分。希望在现有的条件已打下的基础上，继续提高。

《五台山古诗选注》序[1]

在九百六十万平方公里的土地上，哺育着伟大的中华民族。

世界上每个民族都有它自己的贡献，都有自己的文化，否则它就不能存在。

纵观世界，我们不难发现，有的民族在古代有过光辉灿烂的文化，而后来趋于消沉寂寥；也有的民族近代曾不可一世，而它们的古代踪迹却渺茫难考；也有的民族，曾震烁于中世纪，后来终归没落。可以说，有的民族有古而无今，也有的有今而无古。我们中华民族，亘古亘今，屹立于世界民族之林，不断前进，不断新新。虽曾几经灾难、苦厄，但它没有被摧折，而是更坚强、更成熟、更伟大。

祖国有悠久灿烂的文化和近代革命传统，又有奇伟瑰丽的名山大川。山川的自然风貌与光辉的历史遗迹荟萃于一炉，就更生动地体现中华民族的特点。五台山正是这样一个屈指可数的名山，它不只是山西人民的明珠，也是中华民族的瑰宝。

随着我国对外开放政策的贯彻，五台山年年要接纳大量中外游客。国内游人、港台同胞，登上五台山可以增加对祖国的亲切感；海外游客游览了五台山，可以抚摸到中国的民族文化。五台山深宏阔大的气势，气象万千的景观，万古常新的生命力，不啻为中华民族的缩影。

---

① 原载《五台山研究》1987 年第 1 期。

《五台山古诗选注》选编了古代部分诗人、学者登临五台山所写的一些诗篇，这都是千百年来五台山风物景观的见证。由于诗篇作者的着眼点不同，有的见解深刻，有的寓意玄远，也有一些是流连风景之作。千百年后的读者或能从中感到与前人某些心灵相贯通处。古人说，太史公历览名山大川，其文有奇气。客观事物常对人的主观思想感情发生启迪作用。景物与欣赏者，主观与客观，本来是相通的。这一部《诗选》，若能有助于开拓游人的心胸，有助于为游人增添一些历史知识，那将是我们最大的欣庆。